三分钟漫画图解

社交礼仪

姜立鹏◎编著

延邊大學出版社

图书在版编目（CIP）数据

社交礼仪 / 姜立鹏编著 . -- 延吉 : 延边大学出版社 , 2023.9
（三分钟漫画图解）
ISBN 978-7-230-05622-9

Ⅰ . ①社… Ⅱ . ①姜… Ⅲ . ①社交礼仪—通俗读物 Ⅳ . ① C912-49

中国国家版本馆 CIP 数据核字 (2023) 第 192027 号

三分钟漫画图解·社交礼仪

编　　著：	姜立鹏
责任编辑：	刘　浩
封面设计：	玥婷设计
出版发行：	延边大学出版社
地　　址：	吉林省延吉市公园路 977 号
邮　　编：	133002
网　　址：	http://www.ydcbs.com
E-mail：	ydcbs@ydcbs.com
电　　话：	0433-2732435
传　　真：	0433-2732434
印　　刷：	三河市天润建兴印务有限公司
开　　本：	710 毫米 × 1000 毫米　1/16
印　　张：	10
字　　数：	120 千字
版　　次：	2023 年 9 月第 1 版
印　　刷：	2023 年 11 月第 1 次印刷
书　　号：	ISBN 978-7-230-05622-9

定　　价：59.00 元

前言

一个人社交能力的强弱与否,对于个人的成就与幸福影响巨大。

美国著名人际关系学大师卡耐基曾说过这样一句话,一个人事业的成功,只有15%依赖于他的专业知识和技能,而85%则依靠他的社交能力。卡耐基这句名言之所以广为流传,并常常被引用在各种书籍中,是因为其中蕴藏着他对社会敏锐观察的智慧。

事实上,我们也常常会发现,一些在学校成绩突出的学生,因为走向社会后继续保持"两耳不闻窗外事,一心只读圣贤书"的"传统",最终成了学者、教授;而一些成绩并不突出的学生,在走向社会后因为具有高超的社交能力,步步高升,竟成了这些学者、教授的领导。这个现象看似反常,实则正常。因为当今社会是一个愈来愈紧密的组织,很多工作的完成需要高超的沟通能力与协调能力——这些都属于社交能力的范畴。

社交离不开"礼"。子曰:"不学礼,无以立。"中国人历来认为"礼"是立身处世的重要美德。而从自然学的角度来说，礼则是人与动物之间相区别的一个重要标志。

礼者，敬人也。在社交中，既要尊重别人，也要尊重自己。但你只是口头说说尊重没用，心里想什么？这就要求你善于表达，它需要一定的表达形式。你得会说话，你得有眼色，你得懂待人接物之道。因此，在社交中我们不仅要有"礼"，而且要有"仪"。

荀子曰："人无礼则不生，事无礼则不成，国无礼则不宁。"这是对礼仪深刻的诠释。

懂礼仪，可以强化修养；用礼仪，可以塑造形象；讲礼仪，可以事事顺通。

相信你在阅读本书后，会成为一个举止合礼、优雅有加的社交高手！

目 录

第1章　仪态礼仪：身体语言得体，做好形象代言

站出你的精气神 / 002

坐姿如钟，端正优雅 / 006

走成流动的风景 / 009

四种蹲姿，让你更显优雅 / 013

第2章　服饰礼仪：得体着装，显示你的气质与内涵

男士穿西装的"三三"原则 / 018

女士穿旗袍的三个要点 / 021

六种基本配饰易获好评 / 024

第3章　餐饮礼仪："餐品"折射一个人的修养

遵循六条餐桌基本礼仪规范 / 032

吃中餐，用对筷勺碟 / 037

吃西餐，用对刀叉匙 / 040

记好自助餐的三条用餐规则 / 043

第4章　出行礼仪：掌握先后次序更显风度

陪人行进讲究先后次序 / 048

两种情况下的乘车位次 / 051

做彬彬有礼的空中飞人 / 054

乘坐公交车，礼仪不能忘 / 057

第5章 会面礼仪：初次见面，尽显魅力和素养

为他人做介绍的四项注意 / 062

四个要点，让名片交换显礼数 / 066

握手礼传递温度和尊重 / 070

第6章 交谈礼仪：说得恰到好处，听得真切及时

交谈礼仪的五项要点 / 074

六个技巧拉近彼此的距离 / 081

闲谈的六项礼仪 / 085

三种语气提升声音美感 / 089

第7章 商务礼仪：商务有"礼"，双方有"利"

会客位次的安排 / 094

让谈判体现尊重和风度 / 098

商务会议上的不同角色礼仪要求 / 101

发送电子邮件的七项礼仪 / 105

视频沟通虽远而不失礼 / 110

第8章 涉外礼仪：入国而问禁，入乡而问俗

国外拜访时，谨守六条原则 / 116

出国旅行，谨守十条原则 / 120

按照国际惯例付出小费 / 126

购物时应把握的九方面内容 / 129

第9章 生活礼仪：处处不失礼，时时受欢迎

喜庆场合须有礼 / 136

观赏场合：守礼仪不做低俗人 / 141

牢记三条细则 / 145

社交礼仪

第1章
仪态礼仪：
身体语言得体，做好形象代言

所谓礼仪，指的是人们在人际交往时所应该具备的基本素质，而仪态礼仪则是个人礼仪最为外在而直接的表现。仪态是我们在社交场合中的第一张名片，学会举手投足彬彬有礼，才能让你在社交圈中无往不利。

站出你的精气神

衡量一个人的外表与精神的一个重要标准是站姿。通过站姿，我们能看出这个人的健康状况与精神气质。

正所谓"站如松"，如松树一样挺拔是我们对站姿的基本要求。

我们几乎每天都要站，但并不是每个人都会站。

无论是在日常社交还是在商务活动中，良好的站姿会给他人留下挺拔、舒展的印象，让人觉得这个人精力充沛、自信满满、积极进取。反之，不良的站姿，则容易给人留下轻浮孟浪或猥琐小气的负面印象。

总之，在仪态礼仪中，站姿是非常重要的。

1. "站如松"的要点

"站如松"的要点有六个：一是头正、颈直、眼平视；二是嘴与下颌微收；三是双肩放平，向后微张；四是挺胸收腹，上身自然挺拔；五是双臂自然下垂，手指并拢自然微曲，中指轻压裤侧的缝上；六是身体重心落在两脚正中，两腿挺直，脚跟并拢，脚尖"V"型张开。

只要每天练习几分钟，大约三个月后就能形成肌肉记忆。

2. 常用的四种站姿

日常社交中，我们常用的站立姿势有四种：前进式，稍息式，自然式与立正式。

（1）前进式。右脚在前，脚尖指向正前方或者朝右15°；左脚在后，与右脚夹角为45°左右，两脚脚跟距离为15厘米左右。

这种姿势的优点在于：人可以通过上身前移或后倾，将重心在前脚与后脚之间轮换，从而不会让某一只脚过于劳累。

（2）稍息式。也就是我们上体育课时的"稍息"姿势。左脚站立，右脚往前，两只脚之间相距约12厘米。稍息式能使身体的重量由一条腿承受，站累时可将重心转移到另一条腿上，两腿交替承重，站很久也不会累。

（3）自然式。双手自然下垂，置于身体两侧，双脚自然分开，两脚之间的距离约为20厘米。自然式站立也可以随时调整重心位置。

第1章
仪态礼仪：身体语言得体，做好形象代言

（4）立正式，腰挺直，两手交叉，或者上下重叠放在腹部；两脚的脚跟靠拢，脚尖朝外分开成"V"字形。面对领导或长辈时，适合用立正式表示"毕恭毕敬"。

3. 站姿的忌讳

站立时，注意不要歪头斜肩、弯腰驼背、双手环抱胸前等动作，也要避免抖腿、东张西望、随意倚靠周围廊柱和桌椅等毛病。双手插兜或叉腰站立的姿势，更是社交站姿中的忌讳，容易给人留下轻蔑、不尊重的不良印象，要尽量避免。

避免站立时歪头斜脑、弯腰驼背、双手环抱胸、双手插兜等动作。

坐姿如钟，端正优雅

从社交礼仪的角度，我们要求"坐如钟"，即坐相要像钟一样端正。这样的坐姿，既能体现一个人的形态美，又能体现一个人的修养好。

社交中，要采取端正优雅的坐姿。

同样是坐，有的人优雅，有的人粗鄙；有的人精神饱满，有的人慵懒颓废。这与坐姿有很大的关系。

人坐着时，如果后背有依靠，会呈现出慵懒无力的感觉。同时，眼睛看对方时，会有一种"居高临下"的"藐视感"。如果上身不往后靠，而是略微前倾，人会显得有精神，并且更有亲和力。

第1章
仪态礼仪：身体语言得体，做好形象代言

要想做到坐姿端正优雅，需要注意以下六点：

1. 入坐轻而稳

不紧不慢地走到座位前，轻稳地坐下。如果需要挪动椅子，注意动作轻柔，尽量不要弄出声音。

2. 椅子坐三分之二

坐下后，身子一般只占座位的三分之二。坐太满，会给人慵懒之感。坐太少，显得过于拘谨，并且容易摔跤。

3. 上身自然挺直

身体放松，挺胸收腹，双肩平正，双肩平正放松。背后有依靠时，切忌把头向后仰靠。在跟侧面的人谈话时，要把身子转过去，面朝对方。

4. 安排好手与脚

两只手自然地放在大腿上,双膝并拢,两腿可正放也可以侧放。切忌将腿搭在茶几或沙发扶手上,这样非常不雅观,也不尊重对方。如果是两腿交叠而坐,注意悬空的脚的脚尖要微收朝下,不可脚尖朝上,更不可上下抖动。

当座位两边有扶手时,除非是年长者,否则不建议把两手放在两边的扶手上。

5. 管理好表情

脸带微笑,目光平视,嘴唇轻闭,下颌微收。

6. 起立时要轻柔

起立时,将右脚向后收半步,上身前倾,用右脚尖发力,将人支撑起身。这个动作非常轻柔,不会因让椅子发生位移而产生噪声。

第 1 章
仪态礼仪：身体语言得体，做好形象代言

走成流动的风景

要强调的是，步子的大小要根据着装、场合而调整。比如在人多的宴会场合，步子要小一点；而在上台演讲时，步子可以大一些，表现出优雅与洒脱的姿态。

"走"作为我们生活中最常用的动作，展现的是人的动态之美。传统礼仪中对"行如风"的描述，强调的就是人行走时步态轻盈，如清风过水面，优美而从容的样子。

当一个人走起路来，其优雅、稳健且敏捷的动态之美，会因自身所反映出的积极精神状态而给他人以美的冲击和感染。

让我们以优美的走姿，成为流动的风景吧！

1. 规范的走姿要领

迈开腿的时候,身体要微微往前倾,让身体的重心落在前脚的脚掌当中。伴随两脚的交替移动,身体的重心也要不断前移,让重心始终在前脚的脚掌上。两脚不要走八字步,不要扭腰摆臀、左顾右盼,鞋子底部也要避免摩擦地面。

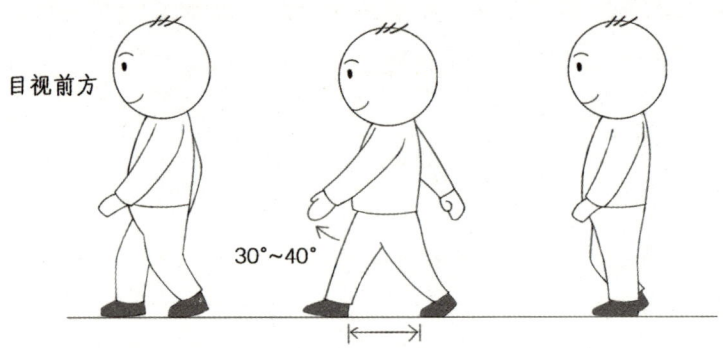

2. 变向走姿的三种步法

在需要变向时就会呈现出变向走姿。如何在转身改变行走方向时,也走出优美的步态呢?具体有如下三种方法可以借鉴。

(1)后退步。当你与人沟通完毕离开时,先后退两三步,再转身离去。退步时注意采用略小的步幅,然后将身体转向要离去的方向,再随之将头转过去。

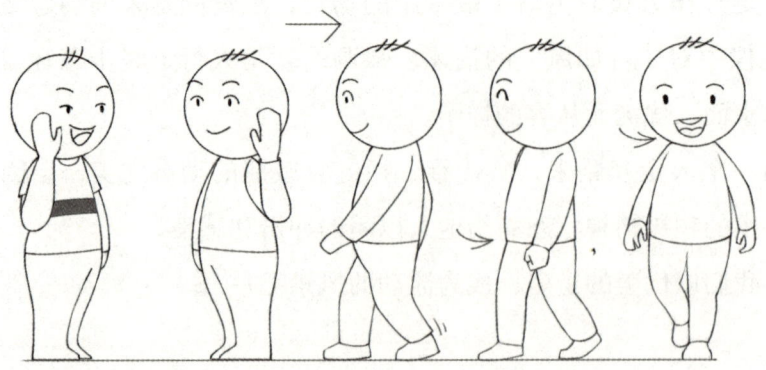

第 1 章
仪态礼仪：身体语言得体，做好形象代言

（2）引导步。当你走在前面，给他人带路时，就需要引导步了。正确方法是：让自己走在对方左前方，整个身体半转向对方并保持两步左右距离。在行走的过程中，若遇到上下楼梯、拐弯等特别需要提醒的地方，应伸出左手——进行引导和提示。

（3）前行转身步。在向前行走过程中进行拐弯时，应提前在需要拐弯的方向将一脚落地，随后以此脚掌作为轴心，将身体转过来并迈出另一只脚。需要注意的是，向左拐弯时，应右脚伸出，落地时转身；同理，向右边拐弯时，应左脚伸出，落地时转身。

3. 穿不同的鞋子，走姿也不同

平底鞋没有太多拘束，走起路来容易懒散放肆，步幅大小、快慢也不均衡。因此，应注意将前行力度调整均匀，并确保脚跟先落地。

穿高跟鞋走路时，由于后跟较高，身体重心自然就会前移，走路时为保证身体的平衡性，会自然而然地将膝关节绷直、胸部挺起，并且腹部与腰部也更加挺直平板。尽管这是自然而然的结果，但是提醒一下，穿高跟鞋走路要保持脚跟先着地，同时适度减小步幅，两脚落地时，脚跟尽量落在同一条直线上。

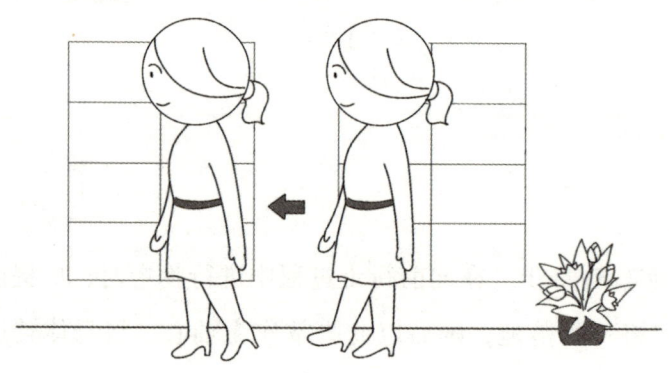

有人通过屈膝的方法来保持身体平衡，势必造成屈膝、撅臀等不雅姿态。因此，训练的时候踝、膝、髋关节要伸直，同时注意挺胸、收腹。

第 1 章
仪态礼仪：身体语言得体，做好形象代言

四种蹲姿，让你更显优雅

不管怎么蹲，都要注意双腿靠紧，臀部向下，头、胸、膝关节在一个角度上，整个人会显得十分优雅。

蹲姿就是指人在取低处物品或落地物品时的下蹲姿势。

不言而喻，谈到蹲姿，女士们应更加注意，它一方面容易表现女性的仪态万千，另一方面也容易造成尴尬和误会。

切记：千万不要直接蹲下去，也不要弯腰曲背、低头撅臀、双腿敞开下蹲，特别是对于穿裙子的女士来说，这样的姿势十分不雅，也是不礼貌的。在有必要下蹲时，一定要做到姿势优美。以下四种优雅蹲姿必须学会：

1. 高低式蹲姿

高低式就是指在下蹲的时候要有"高"有"低"。

具体动作要求：左脚在前，右脚在后。左脚完全着地，小腿基本上垂直于地面，形成"高"的一端；右脚脚掌着地，脚跟提起，然后屈右膝，使其内侧可以靠在左小腿内侧，形成"低"的一端。在保持左膝高、右膝低姿态的同时，臀部向下，上身微前倾，用右腿支撑身体，整体形成"高低"姿态。

2. 交叉式蹲姿

这种蹲姿难度比较大，但优雅且不容易走光，多加练习才能掌握。

具体动作要求：下蹲的时候，右脚放到身体前面，左脚放到身体后面，右小腿垂直于地面，右脚完全着地；右腿放在左腿上面，左膝从后下方伸到右侧，左脚脚跟上抬，同时脚掌着地；双腿前后靠近，共同支撑身体，掌握好平衡。

3. 半蹲式蹲姿

这是最常见，也是最易操作的一种蹲姿。

具体动作要求：下蹲的时候上身稍向下弯，臀部保持向下；双膝弯曲角度大于90°，身体重心放在一条腿上，尤其要注意，双腿之间不要分开过大。

4. 半跪式蹲姿

如果下蹲的时间比较长，可以选择这种下蹲方式。

具体动作要求：一条腿保持蹲姿，另一条腿单膝跪地，臀部顺势坐到脚后跟上，脚尖着地；另外一侧全脚着地，小腿和地面保持垂直；双膝向外用力，双腿尽量靠拢在一起。

社交礼仪

第 2 章
服饰礼仪：
得体着装，显示你的气质与内涵

服饰不仅体现着一个人的审美能力，更是一个人气质与内涵的直接体现。穿衣搭配出彩的人，不但能在很多场合中成为焦点，更能通过穿搭智慧，让别人看到你工作、形象两不误的卓越能力。生活中，我们通常更喜欢同外表光鲜亮丽的人交往，所以应重视服饰礼仪，穿对场合、穿有内涵，才能穿出属于你的社交影响力。

男士穿西装的"三三"原则

西服是国际通用的礼服,代表着一种规则、一种文化,更体现着一种礼仪。

西装之所以长盛不衰,是因为它拥有着深厚的文化内涵。提起西装,人们首先想到的就是"文化""教养""绅士""权威感"等标签。

西装起源于英国,最初是英国王室和贵族的专属服饰。飞入寻常百姓家后,又于清末被引入我国,并在民国年间流行于中上层社会。至今,西装依旧是正式场合的男装首选。

针对"西装如何穿"的问题,有各种各样的规则与说法。这里,我们将其浓缩成简单的"三三"原则,只要照着做,就出不了什么差错。

1. 三色原则

在参加正式商务活动时,男士穿西服套装,全身颜色不能超过三种,也不能超过三个色系,这样才能给人正式、严谨、庄重的感觉。

2. 三一定律

男士在穿西服套装时,身上腰带、皮鞋、公文包这三个重要配件应该用同一色系,其中以黑色为首选。

3. 三大禁忌

一忌西装里穿图案过于复杂的羊毛衫。这会给人随意的感觉,觉得男士的形象不够庄重,也会影响西装的板正和利落感。

二忌穿西装不拆价签。有些男士穿新衣服时偶尔会忘记剪价签,容易给人留下马虎、粗糙的印象。

三忌穿浅色袜子。除非你穿的是白色鞋子,否则不要穿浅色袜子。浅色袜子容易和男士着装整体深沉的搭配相违和。

女士穿旗袍的三个要点

一袭旗袍,尽显东方女性的韵味。无论是社交场合,还是街头漫步,身着合体旗袍的女子,都是一道行走的风景线。

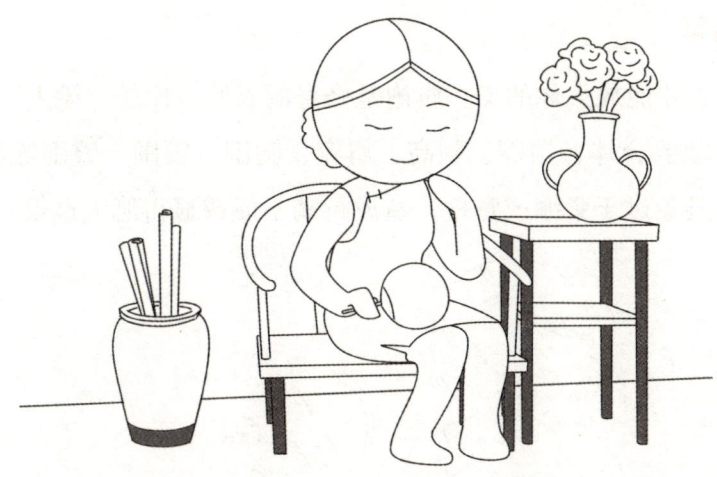

旗袍,又称祺袍,是清代贵族旗人的衣饰。现代意义上的旗袍,起源于20世纪初的上海,它以立体修身的剪裁为主,自然勾勒出东方女性的曲线美,所以旗袍最容易打造S型体态,同时展现东方女性特有的内敛与优雅。穿着旗袍时,需要注意以下三点:

1. 根据需求选面料与花色

不同面料与花色的旗袍,会有不一样的视觉效果。根据自己想要达到的目的去挑选不同花色与款式的旗袍,能让你的气质翻倍。

棉布旗袍和素色会让人显得雅致端庄。

色彩鲜艳的真丝面料则会让人显得华丽高贵。

2. 剪裁要合体

旗袍合体,才能放大你的美。旗袍是修身的衣服,比较"挑人",因此,剪裁必须要合体,领围、领高、肩宽、胸围、腰围、臀围等都要恰到好处。避免过于紧绷或宽松,造成行动不便或显得肥大邋遢。

这也太肥了,太邋遢了,赶紧换掉!

3. 重视庄重感

旗袍不同于一般礼服，优雅之余更重视庄重感。穿旗袍需所有纽扣都扣上，内衣要保证轮廓无痕，不可外露。旗袍的开衩也不宜太高，不可超过膝盖边缘以上10厘米。恰当的尺寸和恰当的妩媚，才能给人性感而又端庄的印象。

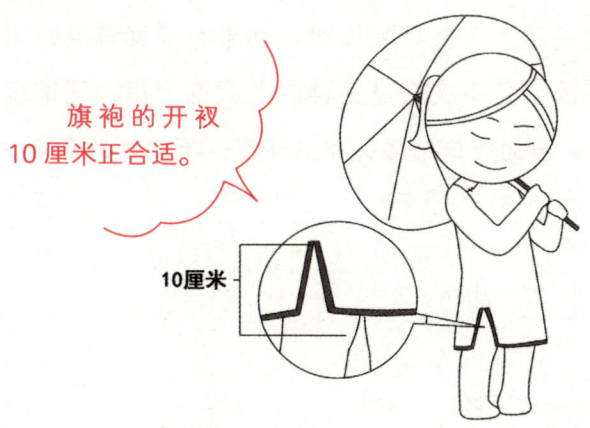

旗袍的开衩10厘米正合适。

六种基本配饰易获好评

配饰的作用是锦上添花、画龙点睛，要避免配饰和人整体产生违和感。在选择配饰时，如果有成套饰品，可以成套佩戴，但全身不应超过三种以上配饰，每种配饰也不要超过两件。因为配饰过多会给人凌乱、冗杂的印象。

服装和妆容固然重要，但在"高手云集"、精英会聚的场合，衣服和妆容只是基础，重视"配饰"这种小细节的人，才是掌握了社交礼仪形象"密码"的人，更容易收获意想不到的好评与青睐。

服装展现的是品质，配饰展现的则是品位。小物件里有大天地，会选配饰，才算真正懂得了社交礼仪。生活中想用小物件展示良好的气质，我们不妨注意以下六种基本配饰的选择与搭配问题：

1. 男士的腰带

男士在选择腰带时,要注意区分工作和休闲两种不同的使用场合。在工作中,男士腰带选择黑色、棕色等深色的皮革腰带为佳;腰带宽度选择3厘米以内较为适宜。而在休闲场合中,则可以选择款式更为别致、夸张的,能够显示自己独特的品位。

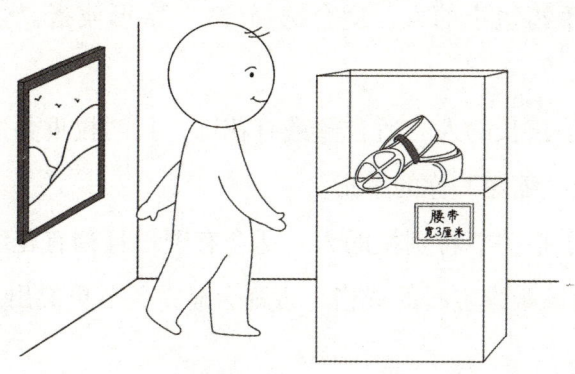

2. 男士的手表

戴手表的男士更容易给人踏实、守信、专业的印象,同时手表的选择可以反映出一个人为人处世的态度,是低调稳重,还是张扬自我。所以,男士要避免佩戴质量不佳、造型夸张、不符合穿搭的手表,可以选择经典款式的机械表,颜色首选黑色、金色、银色等。

3. 戒指

戒指是使用率最高的佩饰。挑选戒指时，要注意以下几点：

（1）手指多肉的人，适合佩戴没有花纹、体积较小的戒指。

（2）手指瘦的人，适合有装饰的戒指，如镶有宝石、珍珠等，会让手看起来较为丰满。

（3）手指短小的人，适合选择"V"字形戒指，会让手指看起来更加纤细。

（4）手指长的人，适合佩戴有花饰，且两枚重叠造型的戒指，可以在视觉上"缩短"你的手指。

（5）手指关节特别粗的人，适合有图形且刻有花纹或呈扭绳状的戒指，不宜佩戴镶宝石的戒指，否则会显得关节更突出。

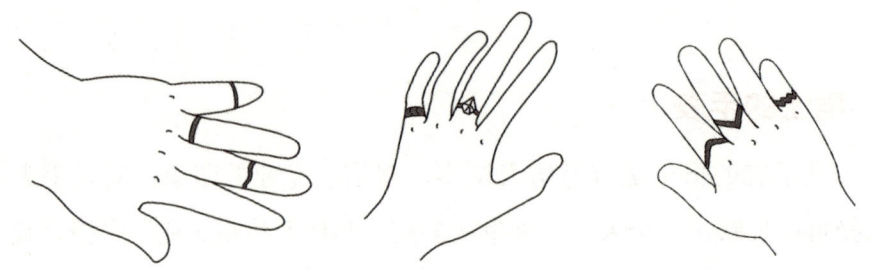

4. 耳环

耳环是女性精心打扮的常用饰物，但要选择适合自己脸型、肤色的款式。

圆形脸的人不适合佩戴圆形耳环，因为耳环的小圆形和脸的大圆形会强化这种"圆"的印象。圆脸的人适合佩戴垂吊式耳环，可以在视觉上"拉长"脸形。

方形脸不宜佩戴圆形和方形耳环。因为圆形和方形并置，对比之下，方形更方，圆形更圆。

第2章
服饰礼仪：得体着装，显示你的气质与内涵

倒三角形脸的人应选择上窄下宽形，如三角形、梨形的耳环，使下颌略微显宽。

另外，肤色较暗的女性，一定要选择质感和色彩比较柔和的耳环，如珍珠耳环；肤色白皙的女性，可以佩戴暗色系耳环，更能体现高级感。

5. 项链

项链是大部分女性都会选择的饰品，佩戴得当，能让人产生视觉上的冲击。

（1）不同的颈形要搭配不同的项链

脖子长的人，适合选择较为粗短、有横纹或是颗粒大而短的项链，能增加颈部的层次感，从视觉上"缩短"脖子的长度。

脖子较短的人，适合佩戴较长的项链或"V"字形的项链，可以从视觉上"拉长"脖子的长度。此外，也可以佩戴细长的项链，项链底端悬一颗钻石吊坠，整个人都会显得十分精致。

（2）不同服装的项链搭配有讲究

穿礼服的时候，可以佩戴珍珠项链或与服装相称的钻石项链、宝石项链。

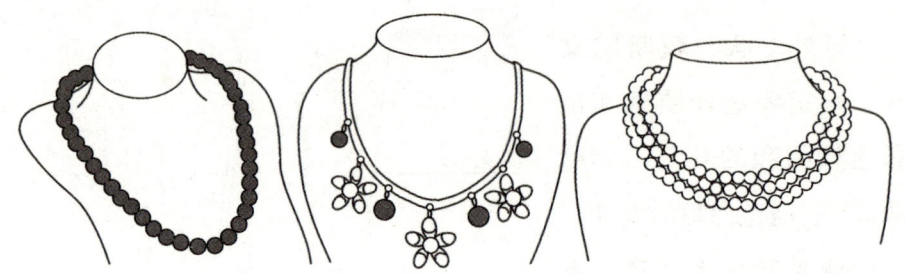

穿便装的时候，可以根据自己的喜好和衣服的颜色、款式等，佩戴琥珀、木质、陶质、石质项链，这样看起来轻松简洁又别具韵味。

与项链最配的衣服是"V"字领，或比较大的圆领和高领。

6. 手镯

手镯是时尚女性喜好的佩饰，很多时候，通过手镯就能看出一位女性的风格。不过，佩戴手镯也是有讲究的。

第2章
服饰礼仪：得体着装，显示你的气质与内涵

（1）手臂修长、手腕细小的人，可以把手镯佩戴在接近手腕处。

（2）手臂太瘦的人，可以佩戴细小的金属手镯或手链，不宜佩戴宽大的玉镯或金属手镯，会让手臂显得更加细弱。

（3）手指又粗又短、指甲不美观的人，在佩戴手镯的时候，可以将手镯佩戴得稍微高点，转移他人的注意力。

（4）手臂和手腕粗的人，可以佩戴宽厚的手镯，会显得手腕和手臂稍细一些。

第 3 章
餐饮礼仪：
"餐品"折射一个人的修养

· · · · · · ·

提到餐饮，满桌子色香味俱全的菜肴自然让人心神向往，尤其在饥肠辘辘之时，更是恨不得立刻坐在桌前大快朵颐。但不要忘记，餐桌恰恰是最容易让我们忽略形象和细节，泄露日常行为习惯的"绝佳舞台"。那么，用餐时的礼仪就要注意了。

遵循六条餐桌基本礼仪规范

练就一副好吃相,首先要注意进食时少说话。现代礼仪虽无须"食不言",但为了避免边吃边说导致口中食物喷溅的不雅行为,我们可以小口进食,等口中食物咀嚼完咽下去再进行交谈。

由进食时的礼仪,可以看出我们的修养。

《礼记·礼运》中有记载"夫礼之初,始诸饮食。"强调的是礼仪的基本在于进食方面的礼仪。中国人爱好饮食已闻名于世,世人皆知中国人讲究食物的色香味,但中国"吃"的文化远不止于此。除了对吃的食物有讲究,中国人还要求进餐者有修养、有文化、有礼貌。

第3章
餐饮礼仪:"餐品"折射一个人的修养

1. 准时出席

当你被邀请出席宴会时,要及时核实宴请方的具体身份、活动举办的最终确定时间和地点、是否可以携带家属及对着装等方面的具体要求。若对方明确要求单人参加,一定不要携带家属。一旦接受邀请,记得及时回复并尽量不改动。

2. 进行必要的预约

很多高档饭店需要预约。预约时,尽量告之就餐人数、时间、是否靠窗及饮食禁忌等。

如果举办寿宴或庆功宴等,需要提前与饭店沟通必要设备的安排及可能产生的额外费用等。

3. 穿着要得体

很多高档餐厅一般要求穿正装就餐。如果因故没有换装，可以要求侍者拿来餐厅的备用服装，落座就餐。

4. 正确入座

一般地，女士入座时，服务生会帮忙拉开椅子，待女士腘窝碰到后面的椅子时，服务生会帮助推进座椅。如果女士想自己入座，最得体的方式，是从椅子的左侧入座，感受到腘窝碰到椅子背时坐下。

男士与女士共同就餐时，可代替服务生，为女士拉椅子。待女士落座后，自己再坐下。

5. 正确使用餐巾

开始就餐前，可以把餐巾打开，内折三分之一部分，留出三分之二部分平铺在腿上，遮住膝盖上方的腿部。

日常就餐，经常有人将餐巾塞入领口或压在盘碟下面，这实际是错误的。餐巾主要用来防止因就餐弄脏衣物、嘴部及手指，所以只能放置在膝盖之上。

餐巾使用中因擦拭油渍等而脏污，应反向折叠，用另一面来擦拭。如果露出脏污的一面，则是对同桌就餐人的不敬。

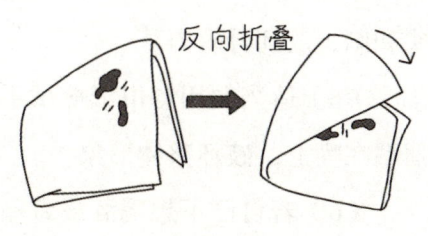

用餐中途如果要暂时离席，要把餐巾放到椅面或者搭到椅背上。若将餐巾折叠后放在桌上，则意味着你的进餐已经结束了。

6. 不做桌前粗俗人

（1）夹菜时，用勺子或碟子接在下面，避免将汤汁洒在桌上；在给别人夹菜时，应该使用公筷。

（2）喝汤的时候要用汤匙，碗不能离开桌面。

（3）用餐过程中不能边说话边用筷子乱指，也不能用筷子在菜肴里乱翻。要闭上嘴慢慢咀嚼，避免发出咀嚼、喝汤的声音，嘴里有食物的时候不能说话，等食物咽下之后再说。

（4）吃带骨头、刺的肉类食物时，要用餐巾或手掩住嘴，取出骨头和刺，放到骨碟内。

（5）适当利用餐巾纸擦拭手指和嘴，防止油渍粘在手上、食物碎屑粘在嘴上，破坏整体形象。

（6）若自己不想喝酒或者不能喝酒，可以用手指轻敲酒杯边缘，表示谢绝。

第3章
餐饮礼仪:"餐品"折射一个人的修养

吃中餐,用对筷勺碟

作为一个懂礼仪的用餐者,必须懂得各类餐具的正确使用方法。而中餐中,使用的主要餐具便是筷子、勺子和骨碟。

中餐的餐具使用较为简单,以筷子为主,其次是勺子和骨碟等。因此,在传统中餐的圆桌前,规范性地用好它们是我们成为文明食客的基本要求。

1. 杜绝不雅的用筷方式

(1)夹菜时看准再下筷子,不要在盘子里翻找、搅拌,更不能把筷子竖着插在食物上面。

（2）禁止用筷子敲打碗盘的边缘，或拿着两根筷子相互摩擦筷尖。

（3）不要用筷子将碗挪到自己面前。

（4）杜绝拿着筷子犹豫不决，不知道夹哪道菜；或用筷子夹起食物后，又重新放回去。

（5）不要用舌头去舔筷子，不论筷子上是否残留着食物。

（6）与人交谈的过程中，不能边说话边挥舞筷子，更不能用筷子指人。

2. 规范使用勺子

很多菜肴如羹、汤汁或碎状食物往往不便于用筷子直接夹取，这时勺子就发挥了很大的辅助作用，但使用勺子也绝非想象中那么简单，具体使用规范如下：

勺子的使用可不是像你想象的那么简单。

（1）暂时不用的勺子，不要放在餐桌、菜盘或菜碗中，而应放在自己的碗里。

第3章
餐饮礼仪："餐品"折射一个人的修养

（2）尽量不要单用勺子去取菜，而应配以小碗。取食物时，不要盛得过满，防止溢出的汤汁、油渍蹭到餐桌或衣服上；盛取液态食物的时候，可以在原地停留片刻，直到不再流出后再盛到碗内。

（3）不要用勺子在菜盘内舀来舀去；不要用嘴对着勺子吹食物，如果食物比较烫，可以先用勺子将食物舀到自己碗内，等到食物晾凉后再吃；不能将勺子塞到嘴里吃食物，也不能反复舔勺子。

3. 正确使用骨碟

骨碟是用来盛放用餐过程中所产生的垃圾的，如鱼刺、骨头等，禁止在骨碟里放食物。

（1）不要把食物的残渣，如骨头、鱼刺等吐在餐桌上或地上，要轻轻放在骨碟中。

（2）不要把骨头和刺直接吐在骨碟中，可以用筷子夹到骨碟里，也可以用纸巾掩口把骨头或鱼刺拿到骨碟内。

（3）骨碟放满了也不能将食物残渣堆积到桌子上，可以请服务员更换骨碟。

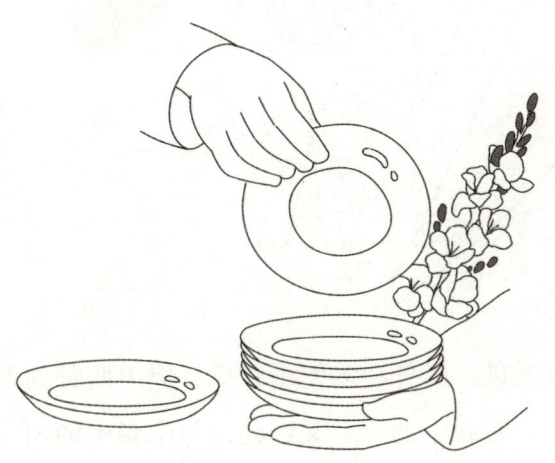

吃西餐，用对刀叉匙

吃西餐的时候，右手拿刀或汤匙，左手拿叉；喝酒或饮料的时候，右手端杯子。身体与餐盘保持一定的距离，用餐具将食物送到嘴里，不能端起碗、盘吃。

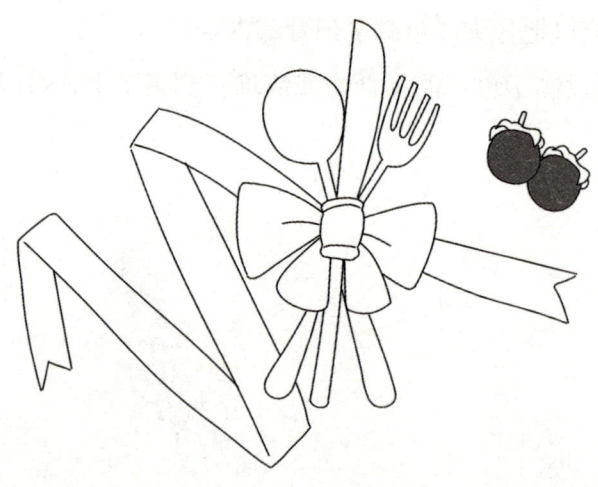

相对于中餐用圆桌，西餐则多使用长桌。但中西餐的差异，绝非桌子不同这么简单。西餐中的刀、叉、匙，与中餐中的勺、筷、碟使用区别较大。

第 3 章
餐饮礼仪:"餐品"折射一个人的修养

1. 正确使用刀叉

吃西餐的时候会用到刀叉,刀用来切割食物,叉用来将食物送入口内。

刀叉的正确使用方法:切东西的时候,左手大拇指和食指按住叉柄,用叉头按住食物,右手拇指和食指执刀将食物锯切成小块,然后用叉子将切好的食物叉起,送到口内。

用刀的时候,刀刃不能朝外。如果使用两把以上的刀叉,要从最外面的一把从外向内依次使用,因为刀叉摆放的顺序就是每道菜上桌的顺序。

切忌:不能用刀取食物直接送入口内;也不能一只手拿刀或叉,另一只手拿餐巾擦嘴;更不能一只手拿酒杯,另外一只手用叉取菜。

此外,刀叉还能用于表达就餐状态。进餐的过程中需要暂时放下刀叉时,应摆成"八"字形,分别放于餐盘边上,刀刃朝着自己,意思是要继续吃。用餐结束以后,把叉子的背面朝上,刀刃一侧要向内和叉子并拢,平行放在餐盘上,未用过的刀子放在原位即可,服务生会自动将它收走。

2. 正确使用餐匙

吃西餐的时候,餐匙可以分成两种:一种是个头比较大,摆在右侧最外端的,和刀并列摆放,这种餐匙用来喝汤;另外一种个头比较小,横着摆放在吃甜品用的刀叉正上方,这种餐匙用来吃甜品。

切记:汤匙只能用来喝汤和吃甜品,不能用来舀取其他菜品、主食等;使用汤匙的时候,尽量保持其周围干净整洁;开始使用汤匙之后,就不能再将其放回原处,也不能将其插入菜肴或主食中,或者将其竖在甜品或茶杯、酒杯内;用餐匙取食物的时候,动作要干净利索,禁止在甜品、汤、茶内来回搅拌;用汤匙取食物的时候要适量,而且要一口吃光汤匙内的汤或食物;汤匙入口的时候,要注意仅前端入口,切勿将汤匙连同食物整个塞入口中。

记好自助餐的三条用餐规则

作为主人邀请的宾客,如果发现有人被晾在一旁而无人理会,你也有责任去帮助照应好那位客人。可以主动上前交谈,向他介绍你熟悉的人。

参加自助宴会,一些基本用餐规则需要牢记,以免自己成为宴会上的焦点人物。

1. 拿取杯盘要小心

在吃自助餐时,为了方便取菜,一般都是单手托盘。盘子上一般会先放上餐巾,再放上杯子。在托拿杯盘时,通常要空出盘子左下方

四分之一,用大拇指和食指稳住盘上的杯子,然后再用小指、无名指、中指托住托盘。

如果遇到急事,需要在进餐过程中暂时离开一会儿,为了防止回来时混淆,可以将餐巾折叠成特殊的形状,作为记号。

2. 交流从品菜开始

参加自助宴会,并不能单纯地理解为吃饭,同时,在这样的场合中,也可以有效地拓展自己的人际圈子。

宴会上,不要只和熟悉的朋友说话,因为那会错过扩大人际交往的机遇。这个时候,应当面带微笑,并主动同不相识的人打招呼,同时,更要适当地寻找一些可以交流的话题,以此来结识新朋友。

要想主动寻求交友机会,第一步就是自我介绍。然后,可以谈谈

对餐会的氛围或者菜品的感想，或者自己的工作。当然，也可以把餐会的主办方作为话题。

3. 用餐完毕随时离开

自助餐和正式宴会不一样，自助餐的氛围更加轻松，可以适当地表现出随意性来。

一般情况下，就餐者可以充分享用自助餐，而不用过多考虑时间问题。用餐完毕后，就餐者即可随时离开，而不必等候大家集体退场。

社交礼仪

第4章
出行礼仪：
掌握先后次序更显风度

陪伴他人或者自己出行时，都要遵守出行的礼仪。而在出行礼仪中，掌握先后次序是极为重要的。懂得出行礼仪，会让人与人之间相处得更加愉快，甚至可以让你交到更多的朋友。

陪人行进讲究先后次序

先进电梯的人要马上靠边站,转身面向电梯口。在电梯里,要尽量避免和人面对面站着,否则会让彼此感觉非常尴尬。

中国人讲究对师者、长辈的尊敬之礼,因此即使在日常出行时,对于领导、长辈,也要讲究先后次序。而在一些特殊场合、特殊时刻,对于女士也应给予一定程度的照顾。

一般来讲,陪人行进的场景,主要体现在日常行走、上下楼梯及出入电梯的过程中。具体礼仪把控如下:

第4章
出行礼仪：掌握先后次序更显风度

1. 行进时的正确位置

与客人并排行进和单行行进时，有不同的做法。

一般情况下，并排行进时，应该让客人走在中央或者内侧。与客人成一条线的方式行进时，应该让客人在前，自己在后。但是，如果自己需要为客人引路，则须走在前面，向左侧身，并伸出右手臂作为引导。

2. 上下楼梯时站好位置

上下楼梯是在商务交往中经常遇到的情况，因此更要注意。

一般而言，上楼时，若所有人成一条线的方式行进，应让身份更尊贵的人在前，自己在后。而下楼梯时，则应让身份尊贵的人走在后面，也就是让对方所站的位置更高。

3. 出入电梯时的礼仪

出入有人控制的电梯时，陪同者应后进后出，让客人先进先出。当然，如果对方不熟悉地形，还是要在前面给他们引路的。

出入无人控制的电梯时，陪同人员应先进后出，并控制好按钮。如果电梯出现超员报警现象，则要请客人先上。

若电梯行进间有其他人员进入，可主动询问要去几楼，并帮忙按下按钮。电梯内可视情况是否寒暄，如没有其他人员时可略做寒暄；有外人或其他同事时，可斟酌是否有必要寒暄。电梯内尽量侧身面对客人。

第4章
出行礼仪：掌握先后次序更显风度

两种情况下的乘车位次

一般而言，车的前排，特别是副驾驶座，是车上最不安全的座位。因此，按惯例，该座位不宜请女性或儿童就座。在公务活动中，副驾驶座也常被称为"随员座"，一般专供秘书、翻译、警卫等随从人员就座。

通常来讲，如果你陪伴一位客人乘坐汽车，应该让客人先上车，后下车；但如果很多人坐在一辆车中，谁最方便下车谁就先下车。乘坐轿车时，最重要的一个问题是车里位次的安排。在不同情况下，车内座位的选择也有所区别。

1. 由车主亲自驾驶车辆

这种情况下，如果是双排五座轿车，那么其他四个座位的座次，由尊而卑依次应为副驾驶座、后排右座、后排左座、后排中座。

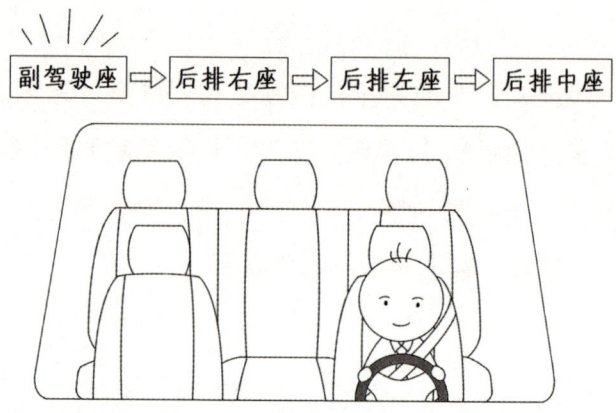

当主人亲自驾车时，若仅有一个人乘车，则必须坐在副驾驶座上；若多人乘车，必须推举一个人在副驾驶座上就座，不然就是对主人的失敬。

2. 由专职司机驾驶车辆

不同的车型，位次安排也不一样。

双排五座轿车上，其他四个座位的座次，由尊而卑依次应为后排右座、后排左座、后排中座、副驾驶座。

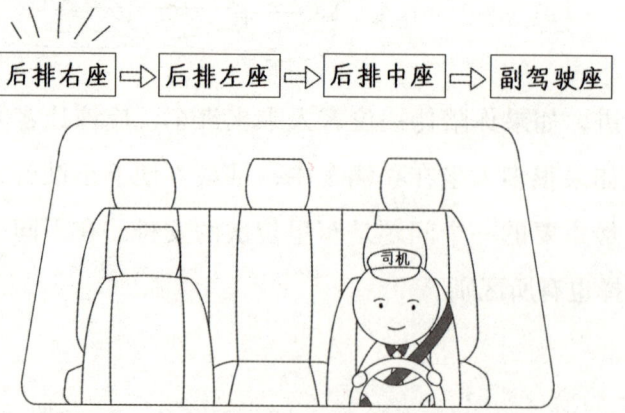

第4章
出行礼仪：掌握先后次序更显风度

三排七座轿车上，其他六个座位的座次，由尊而卑依次应为后排右座、后排左座、后排中座、中排右座、中排左座、副驾驶座。

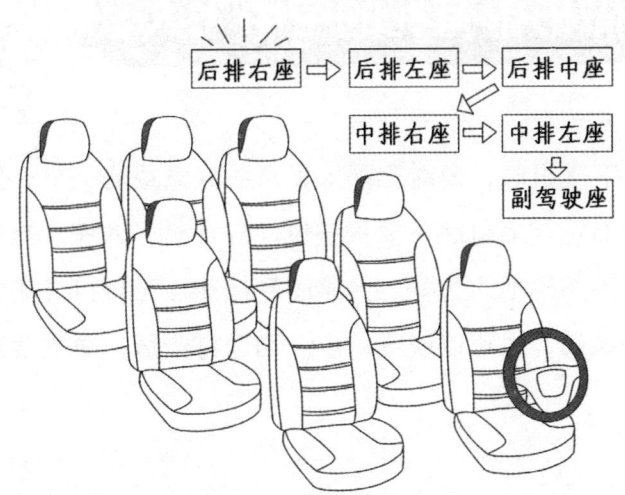

三排九座轿车上，其他八个座位的座次，由尊而卑依次应为中排右座、中排中座、中排左座、后排右座、后排中座、后排左座、前排右座、前排中座。

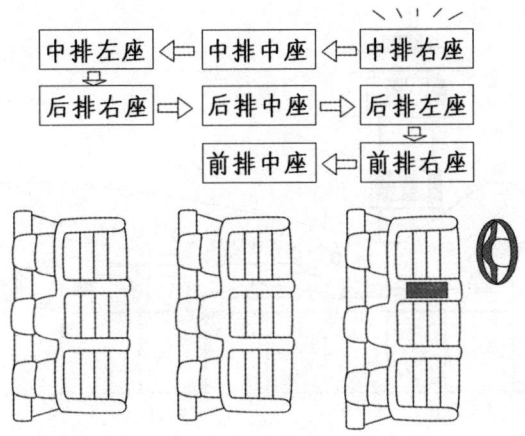

053

做彬彬有礼的空中飞人

上下飞机时,要对空乘人员点头致意或者问好,要注意依次而行。上机后不要抢座位,应该对号入座,坐卧的姿势以不妨碍他人为好。如果感到闷热,可以打开座位上方的通风阀,也可以脱下外衣。切忌打赤膊,更衣要到洗手间。

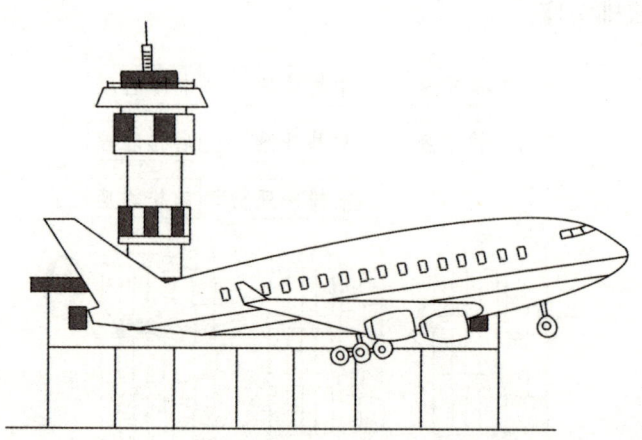

在所有的交通工具中,飞机最为舒适,档次也最高,也因此更需要讲究乘机礼仪,让自己与这样的高档次交通工具相匹配。一般来说,只要把握住以下四点,就能成为一个彬彬有礼的空中飞人了。

第4章
出行礼仪：掌握先后次序更显风度

1. 不要携带危险物品登机

乘机时不得携带有碍飞行安全的物品。

通常规定：任何乘客均不得携带枪支、弹药、刀具以及其他武器，不得携带一切易燃、易爆、剧毒、放射性物质等危险物品。

登机时应当认真配合例行的安全检查。在进行安全检查时，每位乘客都要通过安全门，而其随身携带的行李则需要通过监测器。如有必要，安检人员会对乘客或行李使用探测仪进行检查或手工检查，这时不应当拒绝合作，或无端指责安检人员。

2. 禁用电子仪器

在飞行期间，移动电话、手提电脑、激光唱机、微型电视机、调频收音机、电子玩具、电子游戏机等电子设备均严禁使用。

055

3. 不随意拿取机上的安全用品

飞机上的物品不要随意拿取，设备也不要乱摸。如果有特别需要，就按座位旁边的按钮呼叫空乘人员，不要在机舱内大呼小叫。偷拿安全用品或私开安全门，不仅有可能犯法，还有可能危及自己和机上其他乘客的生命安全。

4. 不要妨碍他人

不要在飞机上吐痰、吸烟，享用免费食品也要按需索取，不要抱着不吃白不吃的心理。与他人交谈时，说笑声切勿过高。晕机呕吐时，务必使用专用的清洁袋。对客舱服务人员和机场工作人员，应给予充分的理解与尊重，不要蓄意滋事，或向其提出无理要求。

在机上放置自己随身携带的行李时，与其他乘客要互谅互让。当自己休息时，不要使身体触及他人，不要把腿、脚乱伸放或是将座椅调得过低，以免妨碍后面的人。

遇到飞机误点或改降、迫降时不要紧张，更不能向空乘人员发火，应主动配合对方完成飞行之旅。

第4章
出行礼仪：掌握先后次序更显风度

乘坐公交车，礼仪不能忘

在公交车上，应该把自己随身携带的物品放到适当的位置，不要让它占座位、挡路。不要在车上吃东西，特别是那些汁水多或容易掉渣的东西，以免弄脏车厢或他人的衣物。

如今，虽然私家车已经基本普及，但有些时候我们还是不可避免地需要乘坐公交车。因此，我们需懂得乘坐公交车的礼仪，给自己和他人都创造良好的乘车体验。

1. 上车要排队

乘坐公交车时,应自觉排队候车,排队上车。

排队时,应站在站台上,不要拥挤到马路上,以免妨碍交通。

汽车进站后,要等车停稳后,再按照排队顺序依次上车。不要蜂拥而上,挤作一团,更不能插队。如果车上乘客已经满员,应该等待下一辆,不要扒门硬挤。

上车时,对行动不便的老人、孕妇、病人、残疾人以及儿童,要给以帮助。上车后,要主动朝下车车门方向移动,待车到站停稳后再按顺序下车。

2. 动作姿态要文明

乘坐公交车时,如有可能,应与其他人的身体保持一定距离。不要把腿伸到过道上,不要跷二郎腿。有人从旁边通过时,要主动相让。

第4章
出行礼仪：掌握先后次序更显风度

3. 注意使用文明语言

准备下车时，如需他人让路，应有礼貌地先打一声招呼，或说"借过""劳驾"，不要一言不发地猛冲，更不要发脾气甚至说粗话。万一自己不小心碰撞、踩踏了别人，应立即道歉。如他人因此向自己道歉，则应大度地表示"没关系"。

第 5 章
会面礼仪：
初次见面，尽显魅力和素养

● ● ● ● ● ● ● ●

　　会面礼仪是我们在社交中送出的"第一张名片"，懂得会面礼仪，能在与人交往时，带给别人如沐春风的感觉。中国社交礼仪强调言行举止要合于理、不忘敬，所谓"敬人者，人恒敬之"。我们在初次会面时想获得他人的尊重和喜爱，也要注意举手投足守礼节。用礼学精神展现个人魅力和素养，才能收获更多人脉。

为他人做介绍的四项注意

在社会交往中,我们不仅需要进行自我介绍,有时还需要为他人做介绍。这就要求我们掌握为他人做介绍的礼仪。

现实生活中,初次见面少不了介绍自己、介绍别人,得体的介绍会给对方留下深刻印象,让彼此之间的关系从陌生走向熟悉。一般而言,自我介绍并不难,但是巧妙地为他人做介绍并不是一件容易的事情。掌握为他人做介绍的礼仪规范,就能在社交场合给人留下更好的印象。

第5章
会面礼仪：初次见面，尽显魅力和素养

1. 为他人做介绍的时机

（1）当你与熟悉的人外出，路遇你的同事、朋友等熟人时。

（2）当你明确受到为他人做介绍的邀请时。

（3）当你计划推荐某人加入某一团体时。

（4）当你陪同某人拜访对方不认识的人时。

2. 为他人做介绍的六种形式

（1）标准式。适用于在正式场合，介绍双方的姓名、单位及职务等。

（2）简介式。适用于一般场合，仅仅提及双方姓名，其他内容则需要视情况再做介绍。

（3）强调式。场合不受限制，介绍时除双方的基本情况外，还要特别强调其中一方与介绍者之间的特殊关系，以此引起另一方的重视。

（4）推荐式。适用于较为正式的场合，介绍者往往要提前做好准备，有意将一方推荐给另一方，所介绍的内容应更多地体现在被推荐者的

某些优点、特长。

（5）引荐式。适用于一般社交场合，介绍者除了介绍双方的基本情况外，并不说明太多实质性内容，只是引导双方到一起自行交流。

（6）礼仪式。礼仪式是在最正规的场合做较为全面的介绍，在语言及称呼上，也都较为礼貌、恭敬。

3. 为他人做介绍的顺序

为他人做介绍时，应遵守"尊者首先了解情况"的原则。

（1）介绍双方为上级与下级时，先将下级介绍给上级。

（2）介绍双方为长辈与晚辈时，先将晚辈介绍给长辈。

（3）介绍双方为男士和女士时，先将男士介绍给女士。

（4）介绍双方为自己熟悉和不熟悉的人时，先将熟悉的人介绍给不熟悉的人。

（5）介绍双方为未婚者和已婚者时，先将未婚者介绍给已婚者。

（6）介绍双方为家人和同事、朋友时，先将家人介绍给同事、朋友。

（7）介绍双方为后来者和先到者时，先将后来者介绍给先到者。

（8）介绍双方为客人和主人身份时，先将客人介绍给主人。

4. 集体介绍的顺序

如果需要介绍的不是单人，而是许多人，就需要集体介绍。

先介绍人数较少的个人或一方，后介绍人数多的一方。如果被介绍的一方身份较高、年龄较大或辈分较高，则要最后进行介绍。在进行会议、比赛、演讲、报告等某项特定活动时，应先将主要人物介绍给集体，之后再视情况将集体介绍给主要人物。

四个要点，让名片交换显礼数

查看名片时，一定要重复一遍名片上的"名字＋职务"。一定要把后边的职务读出来，如"张总经理"，不要只读名字。

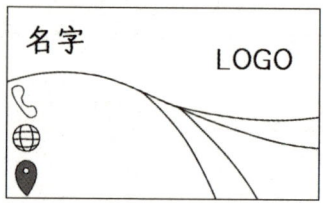

小小的一张名片可以帮助你结识一位新朋友，成就一份事业。在人际交往中，恰当地运用名片，注重与名片相关的各种礼仪，将会为你进一步建立自己的形象打下坚实的基础。但同时也要知道，发送名片也是有讲究的，它直接影响着你的形象和别人对你的印象。

1. 递交名片的方法

双手的食指和拇指分别夹住名片的左右端奉上。名片上的名字反向自己，使对方接到名片就可正读，不必翻转过来。

2. 接受名片有礼数

当你接受他人名片时，应起身或欠身，面带微笑，恭敬地用双手的拇指和食指捏住名片的下方两角，并轻声说"谢谢""能得到您的名片十分荣幸""久仰大名"之类的赞美之词。

能得到您的名片十分荣幸。

接过别人的名片后，一定要先仔细看一下，并读出对方的姓名和职务，然后恭敬地放入自己的名片夹或上衣口袋里，切记不要随手乱丢，那是很失礼的行为。另外，如果对方的名字比较复杂或有不能确认的发音，最好礼貌地向对方请教。

3. 交换名片讲次序

一般情况下，双方交换名片时是地位低的人先向地位高的人递名片，男性先向女性递名片。在商务活动中，女性也可主动向男性递名片。当面前的交往对象不止一人时，应先将名片递给职务较高或年龄较大的人，如分不清职务高低和年龄大小，则可依照座次递名片，应给对方在场者每人一张名片，不要让别人认为你厚此薄彼。如果自己这一方人较多，则让地位高者先向对方递送名片。

另外，千万不要用名片盒发名片，这样会让人认为你不注重自己的内在价值，以为你的名片发不出去。

4. 保存名片要细心

收到名片是为了更好地联系沟通。为了查找和使用方便，你应学会分类保存他人的名片。

第 5 章
会面礼仪：初次见面，尽显魅力和素养

对个人名片可按姓氏笔画分类，也可依据不同的交际关系分类。平时，你要留心他人职务、职业、住址、电话等情况的变动，并及时记下有关的变化，以便通过名片掌握每个朋友、每位客户的真实情况。

当然，为了加深你们的交往，你还可把对方的其他信息，譬如他的爱好、兴趣等记在名片上。待下次与这个人见面时，你不但能立即说出他的名字，还能以他的爱好和兴趣为话题，这样，对方很容易对你产生良好的印象。

握手礼传递温度和尊重

在公开场合首次接触时,两性之间尽量不要采用双手迎握,要谨慎考虑"热情过度"的后果。过度热情容易引起误会,明显有些失礼。

握手礼是现代社交中最为常见的一种礼仪,广泛应用于商务会面、交友等场合。与人会面时,点头礼太随意,鞠躬礼太正式,拥抱礼肢体接触较多,不符合中国人的文化习惯,所以握手礼就成为很多人社交中的首选招呼礼。

现代社交中,想做好简单的握手礼,达到"握手言欢"的目的,我们可以从把握分寸、注意禁忌两方面进行考量。

第 5 章
会面礼仪：初次见面，尽显魅力和素养

1. 分寸很重要

握手力度过大会让人觉得你粗鲁无礼，而力度过小也会让人觉得你看不起对方、敷衍了事。所以，正确的做法是力度适中地用手掌和手指全握对方的手，并在握手后稍微上下摇晃。

除了力度，也要注意握手时间适中，一般三秒钟即可，特别是和同性握手，如果时间过长或者力度过大，会让对方觉得你有挑衅之意。而异性握手时间过长，则容易让对方感觉被冒犯。

2. 禁忌要记牢

一忌左手握手。在很多民族和国家，左手都有特殊的文化内涵，所以通常情况下，握手礼都是使用右手。

二忌握手时掌心下压。掌心下压与人握手，会让人觉得你是个目中无人的人，有不恭敬、不谦虚的意思。

三忌握手时戴手套、心不在焉，这两种行为都会让对方觉得不被尊重。

社交礼仪

第 6 章
交谈礼仪：
说得恰到好处，听得真切及时

交谈礼仪作为人际交往中最基础的礼仪，关注的是说话的艺术，是行为与语言相辅相成的智慧。你在言行上注意礼仪规范，带给别人的也许就是如沐春风的沟通体验。所以，学好交谈礼仪，谨言慎行，有礼有节，一定能帮你在社交中赢得好人缘。

交谈礼仪的五项要点

既然是交谈,那么这种沟通就是双向的。掌握交谈礼仪,有助于赢得对方的好感,使自己的想法更好地传达出去,并且有助于更好地配合对方,让对方"主动"表达自己的想法和观点,实现彼此的有效沟通。

与人交谈是社交活动中的重要内容。通过谈话,一方面可以增进彼此的情感,加深彼此的了解;另一方面也有助于树立良好的自我形象。

为了更好地展开愉快的交谈,需要注意以下五项交谈礼仪:

第 6 章
交谈礼仪：说得恰到好处，听得真切及时

1. 做好四方面配合

（1）表情配合。在倾听对方谈话时，要目视对方，全神贯注，左顾右盼的神情会引起对方的反感。

（2）动作配合。谈话中，若自己认同对方的观点，应以微笑、点头等动作表示同意。

（3）回应配合。在听别人说话的过程中，不妨用"嗯"或"没错"等话语加以回应，表示自己在认真倾听。

（4）用词配合。在交谈中，应尽量在言语上温柔含蓄。如在谈话时要去洗手间，不便直接说"我去厕所"，应说"抱歉，我出去一下，一会儿回来"。

2. 尝试用四种委婉方式表达意见

（1）旁敲侧击。不直接切入主题，而是通过提醒式的语言，让对方"主动"提出或说出自己想要表达的观点。

（2）比喻暗示。通过形象而贴切的比喻，促使对方展开合理、准确的联想，从而领会你所要传达的真正意图。

（3）先肯定再否定。双方沟通发生分歧时，不要武断否定对方的观点，而应先肯定对方观点中的合理之处。这样后续再指出其观点中的不合理之处时，对方会更容易接受。

（4）表达留有余地。不要把问题绝对化，从而使自己失去回旋、挽回的余地。

3. 流畅表达方便对方接受

首先，在心里打好"草稿"后再发言。其次，话语能短则短，要突出事实，语言层次清晰。最后，态度沉着、仪表从容、不慌不忙、镇定自若地阐述自己的看法。

4. 避开谈话禁区

（1）不要一个人长篇大论。交谈讲究的是双向沟通，因此要给对方发言的机会。

（2）不要冷场，设法打破僵局。如果交谈出现冷场，要积极结束旧话题，引出新话题。

（3）不要打断他人。他人讲话时，不要插嘴打断，即使要发表个人意见或进行补充，也要等对方把话讲完，或征得对方同意后再说。

（4）不要过分争辩。交谈中，与人争辩、固执己见、强词夺理的行为是不足取的，这是没有教养的表现。

（5）不要直接否定他人。如果对方的谈话没有触及人格、隐私等原则性问题，就没有必要直接加以否定。

（6）多人交流时，避免低声耳语。如果多人交谈时，你只对其中一人窃窃私语，会让其他人觉得你排斥了他们。

（7）不要用手指点别人，需要指出其他人的时候，应该把手指全部伸开，掌心朝上，用手掌指出那个人。

（8）不要对别人吹毛求疵，要尽量保证谈话双方在愉快的气氛中交流意见。

5. 礼貌结束谈话

（1）切忌在双方热烈地讨论某一问题时，突然将对话结束，这是一种失礼的表现。

（2）不要延长话题。当发现谈话的内容已逐渐枯竭时，就应马上道别。否则，会给对方留下言语无味的印象。

（3）读懂对方的暗示。当对方对谈话失去兴趣时，可能会利用"身体语言"做出希望结束谈话的暗示。比如，有意地看看手表，或频繁地改变坐姿，或游目四顾、心神不安。遇到这些情况，最好知趣地结束谈话。

（4）恰到好处地把握谈话时间。在结束谈话之前，预留一段时间，以便从容地停止。如果突然结束，匆匆忙忙地离开，会给人粗鲁无礼的印象。

第6章
交谈礼仪：说得恰到好处，听得真切及时

六个技巧拉近彼此的距离

有效的交流技巧是通过与对方的谈话，真正拉近与对方的关系；不是单纯地让对方觉得你有多棒，而是让对方从你这里感受到他自己有多棒。

人与人之间从陌生到熟悉，需要时间的累积，更需要相互之间的有效沟通。而好的谈话技巧能在彼此的沟通过程中发挥桥梁作用，快速拉近彼此的距离，帮助谈话双方建立信任关系。

1. 重复对方话语的核心词汇

在谈话时，对方刚刚说的某个术语或是口头语，你可以马上把它用在自己说的话里面，这会让对方感到很亲切，尤其是使用对方所说的一些术语或是俚语，能够表现出对对方极大的支持和肯定。

2. 识别并运用对方的感官词汇

不同类型的人所习惯使用的感官词汇是不同的，想要知道对方究竟在视觉、触觉还是听觉方面使用的感官词汇较多，就需要在对方谈话时留意倾听。

例如，对方的话中经常出现"手摸着时""手感"等词汇。如果你可以凭借这些词汇确定对方倾向于触觉，那么在接下来的谈话中可多使用触觉类的词汇。如谈论衣料、外观时，就可以用"手感""粗糙""光滑"等触觉类词汇。

3. 模仿并运用对方的口头禅

口头禅是一个人习惯使用的词汇。例如,有些人喜欢说"无所谓",或者"棒极了""可以吗",等等。不同的人,口头禅风格也会不同。如果你想赢得对方的好感,就可以在和对方说话的时候主动使用它,对方会认为双方的个性、价值观相近,而使得沟通更加顺畅。

4. 避免使用否定和绝对的词汇

当你要表达不同见解时,应避免使用诸如"可是""就是""但是"这些表示转折意义的词语,这意味着你要对对方的观点进行否定。

5. 简洁的话更有力量

著名作家、演讲大师林语堂认为：演讲要短小精悍才有力量。不仅演讲如此，说话也一样，简洁的话语常能让人有意犹未尽、余音绕梁之感，这才是最有力量的话语。

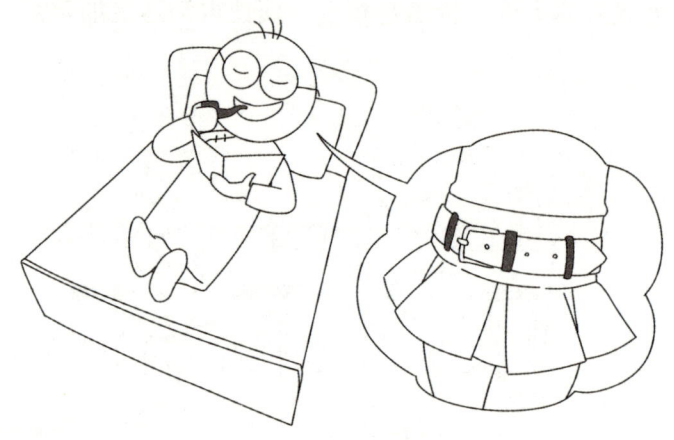

6. 同样的词不可用得太多

剧作家奥斯卡·王尔德说："第一个用花来比喻女人的是天才，第二个用花来比喻女人的是庸才，第三个用花来比喻女人的是蠢材。"没错，和对方交流时，频繁使用同一个词是会令对方厌倦的。

第6章
交谈礼仪：说得恰到好处，听得真切及时

闲谈的六项礼仪

有些人认为，闲谈不必拘于礼节，谈什么都行。但事实上，闲谈不是乱谈。掌握闲谈的礼仪，能让你在不知不觉中收获别人的好感，赢得别人的友谊。

人是社会动物，彼此间需要依赖和交流。通过闲谈，可以让心情变得轻松，也有助于摆脱生活和工作中的烦恼。

但是，有很多人在闲谈中把握不好分寸，甚至说一些不负责任的话，而这些话难免会涉及别人的是非，如果说得多了，难免会伤害一些人。

掌握以下六项闲谈礼仪，就会让闲谈变得有趣且有益。

1. 莫论人非

"莫论人非"这一原则基本能保证正常的沟通。要真正意识到，没有什么比谈论别人的是非更失礼。

2. 保守秘密

每个人都有一些属于个人的秘密，既然是秘密，就不希望被太多人知道。因此，要对朋友的秘密守口如瓶。

3. 适度自我暴露

心理学家认为，理想的自我暴露是对少数亲密的朋友做较多的自我暴露，而对一般朋友做中等程度的暴露。适度的自我暴露有助于拉近彼此的距离。

所以，要想做一个受人欢迎的人，你不妨向对方适当地袒露一下自己的内心，吐露一下秘密，这样会更容易赢得对方的心。

4. 避开别人的痛处

所谓"说者无心，听者有意"，自己随口而出的一句话可能正好在别人的伤口上撒了把盐，因此，我们要多观察、多总结，避开别人的痛处。只有这样，才能够准确恰当地与他人沟通，才能不招来别人的怨恨。

如果别人向我们谈起某人的短处，我们也不要深信这种传言，不必将此记在心中，更不可做"传声筒"。

5. 有所问，有所不问

和人闲聊时，难免需要提问。人人都有隐私和避讳的话题，所以不是所有的问题都能问。你一定要学会在提问时把握好尺度，做到有所问、有所不问，才能避免让对方心生不悦，影响你在其心中的好形象。

6. 闲谈不做承诺

在闲谈中，很多人经常因兴致盎然就轻易许下承诺，结果因为诸多原因而无法实现诺言，这就会令自己失信于人，也会对彼此的关系产生不利影响。

因此，在工作和生活中，都不要轻率许诺。即使有把握的事情，许诺时也不要斩钉截铁地拍胸脯，应留一定的余地。不要为了面子而轻易承诺别人，这是为别人好，更是为自己好。

第6章
交谈礼仪：说得恰到好处，听得真切及时

三种语气提升声音美感

与人交谈时，语气的选择至关重要，因为语气往往是一个人内心的真实表露。只有掌握了丰富、贴切的语气，才能使我们在人际沟通中赢得主动。

好的语气是人的第二张脸。若想成为一个说话富有感染力的人，就一定要具备驾驭语气的能力。

而语气是人们在长期的使用过程中逐步形成的，因此有其特定的稳定性，一般不以个人的意志为转移。这就要求我们在说话时，一定要遵循语义特点，选用适当的语气。语气在不同情况下有不同的用法。

1. 慷慨激昂的语气

这样的语气给人以气壮山河之感，其酣畅磅礴的气势能够增强语言的震撼力量，适用于鼓舞人心的场合。

2. 抑扬顿挫的语气

抑扬顿挫就是指句子里高低升降、轻重缓急的变化。同样一句话，语调升降变化和轻重缓急不同，所表达的意思就有可能不同，甚至会截然相反。抑扬顿挫可以加强语气，抓住听众的情绪，拨动他们的心弦。

3. 平和舒缓的语气

我们有时置身于某些特定的场合,说话时不宜高声喧哗、慷慨激昂,需要用平和缓慢的语气,起到"润物细无声"之效。

一般而言,在较大的场合要注意适当提高声音,放慢语速,使语势呈一定幅度的上扬,以突出重点。反之,在小场合则要注意适当降低声音,使语势呈下降趋向,追求自然效果。

社交礼仪

第 7 章
商务礼仪：
商务有"礼"，双方有"利"

• • • • • • • •

商场如战场，自古以来，人们在利益之争中，靠的不止是天时地利，而更重人和。想在商务之上赢得人心，离不开实力打基础，更离不开礼仪攒人脉。能以礼待人、以"礼"服人的人，才能在商务社交中左右逢源。所以，严谨得体的礼仪规范，是你走向高端商务之路的重要一课。

会客位次的安排

在商务应酬中，懂得会客位次安排，不但能避免出现社交活动中座次混乱的尴尬，也能让在场的其他人觉得你是个懂礼貌、讲规矩，办事周到的人。

当公司来客人时，我们就会面临安排客人位次的问题，因为关系到礼仪是否得体，所以绝不能有半点含糊。

具体而言，在会见客人时，让座于人有两点需要注意：一方面，必须遵守有关惯例；另一方面，必须讲究主随客便。总体上讲，会客时，应当恭请来宾坐于上座。

会客时的座次安排，大致有以下五种主要方式：

第7章
商务礼仪:商务有"礼",双方有"利"

1. 宾主相对而坐

这种方式显得主客分明,往往易于使宾主双方公事公办,保持距离。这种方式多适用于公务性会客,通常又分为两种情况。

第一种,双方就座后,一方面对正门,另一方背对正门。

此时面对正门的座为上座,应请客人就座;背对正门之座为下座,应由主人就座。

第二种,双方坐于室内两侧,并且面对面地就座。

此时进门后右侧之座为上座,应请客人就座;左侧之座为下座,宜由主人就座。当宾主双方不止一人时,情况也一样。

095

2. 宾主并排而坐

基本做法是宾主双方并排就座,以暗示双方"平起平坐"、地位相仿、关系密切。

具体也分为两类情况。

第一种,双方一同面门就座。

此时,主人要请客人坐在自己的右侧。若双方不止一人时,双方的其他人员可各自分别在主人或主宾的一侧,按身份高低依次就座。

第二种,双方一同在室内的右侧或左侧就座。

此时距门较远之座为上座,应当让给客人;距门较近之座为下座,应留给主人。

3. 位高者居中而坐

居中而坐的排位,实际上是并列式排位的一种特例。它是指当多人并排就座时,以居于中央的位置为上座,请客人就座;以两侧的位置为下座,由主方人员就座。

4. 主人面门而坐

　　这种位次安排主要适用于正式场合,由主人一方同时会见两方或两方以上的客人。此时,一般应由主人面对正门而坐,其他各方来宾则应在其对面背门而坐。有时,主人也可坐在长桌或椭圆桌的一端,而请各方客人坐在他的两侧。

5. 自由式排座

　　自由式的座次安排常用在客人较多,座次无法排列;或者大家都是亲朋好友,没有必要排列座次时。各方均不分主次,而是一律自由择座。

让谈判体现尊重和风度

在谈判过程中,我们一方面要做足功课、敏锐洞察、全力以赴,从内心尊重对手;另一方面也要真正注意谈判礼仪,让对方在谈判中看到诚意、敬意和利益,这样才能实现双方共赢的目的。

商务交际中,很多人都将谈判视为一种战斗,认为商务谈判一定要争输赢、分对错,才能保证自己的利益。其实,商务谈判更像是双方的一种合作,大家谈判的目的不是打倒对方,而是谋求共同利益。

所以,带着尊重对手、推己及人的双赢思想,用真诚坦率的态度,以理服人,以礼敬人,才能让你在商务谈判中,说话掷地有声,获得他人信服,赢得长远胜利。

第 7 章
商务礼仪：商务有"礼"，双方有"利"

在商务谈判过程中，需要注意的礼仪规范主要体现在以下三个阶段：

1. 谈判准备

在参加谈判之前，要整理好自己的仪表，穿着打扮要正式得体。男士要着西服套装，打好领带；女士要化好淡妆，穿正装，不戴造型夸张的配饰。

今天是个非常正式的商务谈判，我得化淡妆。

2. 谈判之初

刚刚进入谈判阶段时，在做介绍时要保持和蔼面容，起立表示尊重，并以"幸会""请多关照"之类的话语予以积极回应。

请多关照。

在双方介绍完毕后,可适时进行短暂的自由交谈,以主动沟通感情、创造温和的气氛,为接下来的谈判做好铺垫。

在观察对方时,目光应该停留在对方双眼到前额的三角区位置,让对方感觉自己受到了关注。在需要手势增强表达时,要节奏适当,手心朝上,切忌出现双手抱臂类的举动,以防让对方感觉轻浮、傲慢。

3. 谈判之中

当谈判进入报价、提问、磋商、解决矛盾等实质性阶段时,双方要尽量避免因为立场、利益点不同等而发生言语冲突,这对双方都是一种伤害。

一旦谈好价格,就应信守承诺,不再更改。

在磋商阶段,双方的讨论会涉及彼此的利益,很容易引发激动的情绪而导致场面失控,所以更应该时刻有意识地保持风度。在谈判内容上要寸土不让,但是语气措辞上要文明有礼。

第7章
商务礼仪：商务有"礼"，双方有"利"

商务会议上的不同角色礼仪要求

参加商务会议时，无论你是主持人、发言人还是台下的观众，都需要在保持基本社交礼仪的基础上，扮演好自己的"角色"。

商务会议是重要的商务活动，正确把握会议礼仪，能帮你展示出良好的个人修养。

参加商务会议，可能以主持人的身份，可能以发言人的身份，还可能作为参会的听者之一。无论哪种身份，都要遵守相应的礼仪规范。

1. 主持人礼仪

主持人的角色非同一般，多由具有一定职位的人来担任。主持人的言谈举止对一次会议能否成功举办，影响很大。

主持人应衣着整洁、大方庄重、精神饱满，切忌不修边幅、邋里邋遢。

走上主席台时，步伐应稳健有力。

如果是站立主持，应双腿并拢，腰背挺直。持稿时，右手持稿的中下部，左手五指并拢自然下垂。双手持稿时，应与胸齐高。

坐姿主持时，应身体挺直，双臂向前，两手轻按于桌沿。主持过程中，切忌出现搔头、揉眼、不停抖腿等不雅动作。

主持人应口齿清楚、思维敏捷，说话简明扼要，能根据会议性质调节全场的气氛。

2. 发言人是会议的主要角色

会议发言有正式发言和自由发言两种。前者一般是领导报告，后者一般是自由发言。

正式发言者，应衣着整齐，走上主席台应步态自然，体现出自信自强的风度与气质。发言时应口齿清楚，逻辑清晰，语言简洁流畅。

如果是照稿发言，要适时地与台下参会人员进行目光互动，不能一味地低头读稿。发言结束后，应对与会者的倾听表示谢意。

自由发言是针对会议主题进行讨论的发言，尽管讲话上相对随意，但要注意避免争抢发言。发言时应观点明晰、言简意赅，保证参会人员听得明白无误。当与其他人的意见发生分歧时，应注意保持良好心态，避免激动。

发言人在会议中扮演着重要角色，因此要时刻保持基本的礼仪风度。

3. 做个优雅的参会者

参加大、中型会议应穿着整洁，仪表大方；准时入场或者提前一点儿入场；进出有序，依会议安排落座。坐在主席台上的人应按要求就座，姿态端正，不要交头接耳，不要擅自离席。当听众鼓掌时，也要微笑鼓掌。

4. 找准自己的位置

会议主席通常坐在会议长桌离门口最远的一端。主席两边是为参加会议的客人准备的座位，或是给高级管理人员、助理坐的，以便能帮助主席分发有关材料、接受指示等。如果你受邀参加一个排定座位的会议，最好等人将自己引导到座位上去。

如果会议中有特殊的情况，如有从其他国家、其他公司来的代表，双方代表应各自坐在长会议桌的左右两侧，会议桌的首尾两端则空着。

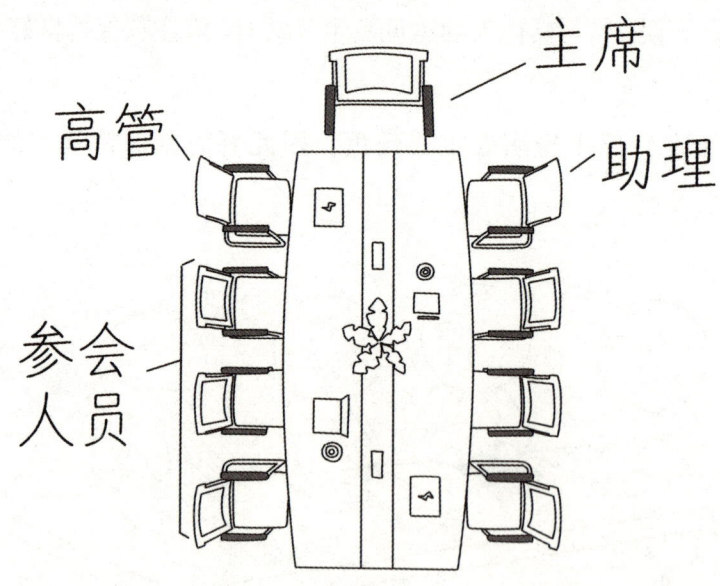

第7章
商务礼仪：商务有"礼"，双方有"利"

发送电子邮件的七项礼仪

电子邮件中的一言一词看似是习惯问题，其实是礼仪文化问题。一封邮件展示的是一个人的素质修养，也是一个人的专业能力。

现代社会通信都十分发达，书写信件这种交流的方式也已经逐渐退出我们的生活，但信件并未消亡，电子邮件取代传统手写信，正广泛应用于我们的工作中。电子邮件向收件人展示着发件人的礼节素养。所以，现代邮件往来，也需要守礼仪，讲规矩。

具体来说,发送电子邮件的礼仪规范如下:

1. 邮件标题要明确,内容应简明扼要

电子邮件一定要注明标题,因为有许多网络使用者是以标题来决定是否详读信件的内容。通过标题让人一望即知内容,以便对方快速了解与记忆。

另外,商务沟通讲求时效,所以电子邮件的内容应力求简明扼要,并讲求沟通效益,尽量遵守"一条信息,一个主题"的原则。

2. 注意斟词酌句

发送出去的信件可能被对方长期保存或被打印成纸质文件分发给多人阅览,因此应斟词酌句,以免出现错误或疏漏之处,落人笑柄。

3. 注明建议或意见

若要表达对某一事件的看法，可先简要地描述事件的缘起，再陈述自己的意见；若是想引发行动，则应针对事件可能的发展提出看法与建议。然而，有时因信息太过简短或表述不够清楚，收信对象可能会不清楚发信者陈述的到底是建议还是意见，进而产生误解。因此，必须在邮件的显要位置注明是建议或意见。

4. 少用标点符号

我们经常会看到一些电子信件中夹杂了许多标点符号，特别是惊叹号，这是不得体的。若要强调事情，应该在用字遣词上特别强调，而不应使用太多不必要的标点符号。

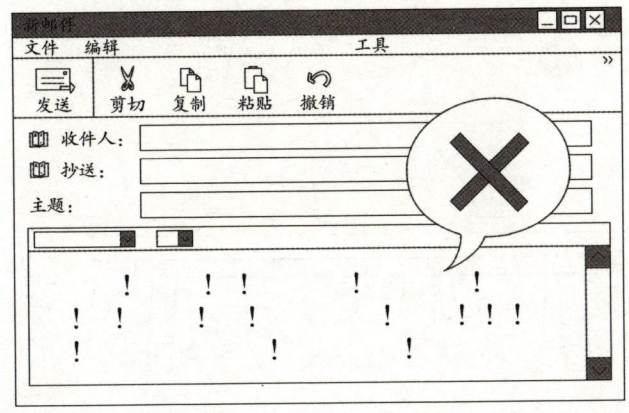

5. 慎用幽默

在缺乏声调的抑扬顿挫、面部表情与肢体语言的电子邮件中,应防止幽默被误解。作为商务邮件,应秉持严肃原则,避免不必要的幽默。

6. 特定邮件需要密码

有些邮件的内容需要保密,为避免产生不必要的纷争,可考虑在这些邮件上加密。

7. 注明发件人的身份

在商务邮件中，标明发件人的身份是基本礼节。

视频沟通虽远而不失礼

> 礼仪是表里如一、由心出发的尊重。在视频会议上也要遵守和线下会议一样的礼节,我们才能通过视频,人远情不远,与别人达成更加和谐紧密的协作。

互联网时代,视频会议已经成为人们工作的重要方式之一,尤其在近几年,线上办公几乎成为很多人的常态。回归居家办公环境,大家对自身形象、举止的关注度就有所下降。睡衣睡裤、蓬头垢面、走神瞌睡等,都是我们在视频会议中常见的情况。

第 7 章
商务礼仪：商务有"礼"，双方有"利"

但网络环境不是无礼之地，参加视频会议也不可丢掉礼貌。有些细节，看似是礼仪问题，但反映的却是一个人的形象素质和内涵品格。

那么，如何让视频会议做到远距离沟通又不失礼呢？下面的这些做法，都值得我们学习。

1. 准时加入会议，是视频会议最基本的礼仪

古代礼仪讲究言出必行，答应别人的事情一定要做到。换到线上环境，参加视频会议也是一样的道理。当你和别人约定开会时间，就应该提前做好准备，调整好自己的状态，提前 5～10 分钟进入会议直播间，准时开始会议。不浪费别人的时间，守时守信，是对他人最基本的尊重。

2. 视频会议同样应注意自己的仪表

在开会时穿睡衣、不洗漱,都是无礼的,这会让对方觉得不被重视。我们应该按照日常线下工作中的礼仪规范,做好仪表整理,精神饱满地加入会议,才能让与会者感受到你的精致和庄重。重视自己的形象,也是尊重他人。

3. 保证会议环境适宜

中国有句古话:己所不欲,勿施于人。很多人都讨厌视频会议在嘈杂的环境中进行;受不了自己开摄像头,对方却只接入音频。这些做法都会削弱对方在会议中的专注度和参与感,影响会议效率,让人

第 7 章
商务礼仪：商务有"礼"，双方有"利"

觉得不自在，也会给双方表情交流、专注沟通带来障碍。

所以，参加视频会议，应该选择明亮、安静的环境，专注开会本身；不吃东西，不接电话，不做无关会议的事情；注重与其他人实时交流，这样别人才会觉得你专业又不失礼。

社交礼仪

第 8 章
涉外礼仪：
入国而问禁，入乡而问俗

· · · · · · ·

　　广阔世界，各有风俗，我们只有先尊重别人的文化风俗，才能换来对方同等的友善与尊重。

　　随着时代的发展，涉外交流、旅行已经成为我们生活中很常见的事情。要想在与外国友人交流时游刃有余，我们就要谨记中国礼仪中的"入国而问禁，入乡而问俗"，充分了解和尊重对方国家的风俗习惯，懂点涉外礼仪，让你的言谈举止不犯他人的忌讳。

国外拜访时,谨守六条原则

与外国友人交往,最基本的就是尊重外国礼俗,只有这样才能赢得尊重,传递友善。

在经济全球化的今天,涉外交流已经成为我们生活中的寻常事。如果在异国旅途中结识了当地人,并受到邀请去其家中做客,那么能够和当地人聊聊天,或者参与他们的活动,就有机会感受到异国文化的魅力。

但有一些人平时"不拘小节",在涉外交往中也不遵守礼仪规范,不但贻笑大方,还会破坏外国友人与国人之间的关系,更连累国家形象受损。因此,拜访外国友人时,应多注意细节,做到言谈举止皆有礼。

第 8 章
涉外礼仪：入国而问禁，入乡而问俗

1. 确定好拜访时间

到外国人的办公室或住所，均应按照预先约定的时间抵达，早到或迟到都是不礼貌的。如果发生迟到的情况，应致歉意。如果没有约定好具体的时间，或者在对方没有事先邀请你去吃饭的情况下，要避开吃饭时间。前往他人家中进行拜访，一般应安排在上午10点或下午4点左右。

现在是下午4点左右，拜访他刚刚好。

2. 带上伴手礼

拜访时给对方带些小礼物很有必要。如果你能知道对方喜欢什么当然最好，一般来说，点心、水果、鲜花、酒都是比较合适的礼物，有中国特色的物品也可以作为礼品，通常会很受主人的喜爱。

3. 注意仪表整洁

拜访他人时，仪表应保持整洁清新。化妆和喷洒香水一定要适度。不要穿着长筒靴做客，脱鞋穿鞋都很麻烦；也不要光着脚到别人家里做客，这样看起来不雅观。

4. 注意从登门到入室的细节

到达后，先检查自己的仪表有无不妥之处，然后脱下大衣，摘下手套，按响门铃。如果站在门口不脱大衣，会被认为"不想进来"，有些失礼。如无人应声，可稍等片刻后再次按铃或敲门（但按铃时间不要过长）。无人应答或未经主人允许，不能擅自进入。如果是下雨天，应在室外把雨伞上的水滴甩干净，然后再问主人放在哪里合适。

在门厅处对着主人脱鞋，臀部尽可能对着别处，而不要对着主人；同时，也不要忘了把鞋子摆好，鞋尖朝外。

当主人问你喝什么或者吃什么的时候，请尽量说出具体名字，如"请您给我××"。如果发现不是自己很喜欢的食品，也要象征性地吃一点，以示尊重。

5. 尊重对方的物品及家人

　　拜访期间，未经主人的许可或邀请，不能参观主人的庭院和房间，也不能触动书籍、花草以外的个人物品和室内的陈设。遇到对方的家人，尤其要问候其配偶和子女；若有小孩在场，应主动与孩子握手、拥抱，表示喜欢，以示对主人的尊敬。

6. 离开后表达感谢

　　拜访结束时，应有礼貌地向主人告别，感谢主人的接待。回到自己的住处后，要打电话告诉对方自己已平安返回，并对对方的款待再次表示感谢。

出国旅行，谨守十条原则

在出国旅行时，遵守礼仪尤为重要。不仅体现着个人修养，更展示着中国作为礼仪之邦的风采。

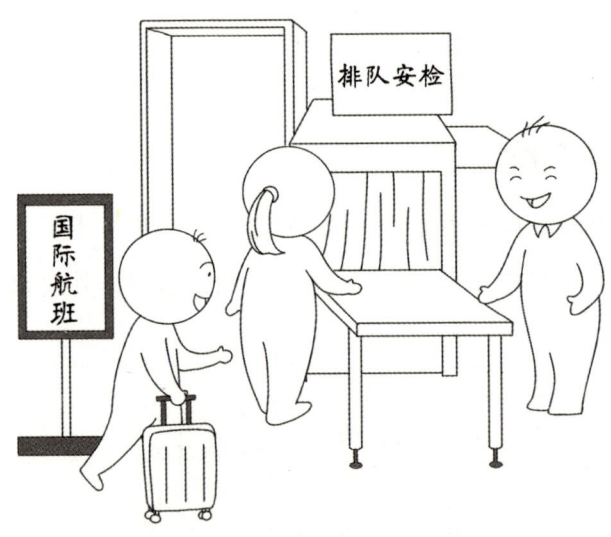

随着中国在世界地位的逐渐提高，中国人出境旅行已经并不新鲜，但不是所有外国人都了解中国人和中国文化。

我们出国旅行正是展示新时代中国人美好形象的良好时机。所以，出国旅行需要掌握一些基本的礼仪规范，不使美好的旅途留下遗憾。

第 8 章
涉外礼仪：入国而问禁，入乡而问俗

1. 不破坏旅游景点的公共物品

在旅行途中，应爱护旅游观光地区的公共物品。不随意踩踏景点的雕塑等物品，更不能随意折断景区内的花草树木。

2. 参观教堂着装要谨慎

进入教堂等地方，穿着应避免暴露。

3. 公共场所除有可吸烟标志外，不能吸烟

在很多国家，很多公共场所即使没有禁烟标志，也是不能吸烟的。除非有吸烟标志，或者有烟灰缸，才可吸烟。这一点，我们应牢记。

4. 守时很重要

跟旅行团旅游时，请一定守时。导游说好什么时间集合，就一定要准时到达集合地点，以免耽误大家的时间，影响下面的行程。

5. 和当地人打招呼要谨慎

在中国，见面打招呼是传统礼节；但在欧洲，打招呼要因地制宜。

第 8 章
涉外礼仪：入国而问禁，入乡而问俗

欧洲有许多非英语国家，如德国、法国和意大利等，在语言上有着极强的民族自尊心。有的游客出于礼貌和善意，见到欧洲人就喊"hello"，这常引起他们的反感。其实，只要学会用当地语言说一句"你好"，就能迅速拉近与当地人的距离；或者一个简单的微笑和点头致意，也能很好地体现你的礼貌。

6. 开车或走路通过路口时要注意

在亚洲，马路上交警指挥交通、红绿灯控制车辆运行似乎极其正常；但在欧美国家许多马路没有交警，没有红绿灯，只在路口处标有"STOP"（停）字样。如果你开车开到此处，必须先把车停下来，左右查看后，才能继续行驶。先到先行，不能抢行。

行人需要通过路口时，可以不必等候，因为当地的驾车者会自觉地停下来让行；但行人一定要尽快通过，并向驾车者挥手致谢。如果同行的人较多，应尽量集中通过，而不要三三两两地走，耽误过多时间。

7. 友善地对待动物

在南非，动物是受到绝对保护的。即使动物向游客走来，也不允许游客对其进行恐吓。所以，不要轰赶、抚摸动物，更不要将食物扔给动物吃。

8. 不得随意拍摄

很多国家非常注重私人权益，如果未经允许，不能对私人住宅及个人进行拍照或摄像。即便在公共场所，也应注意哪些设施可以拍摄和录像，哪些不可以，否则有可能陷入麻烦。

第 8 章
涉外礼仪：入国而问禁，入乡而问俗

9. 喝热水说 boiled water，而非 hot water

在国外，如果你需要饮用热水要说 boiled water；如果说 hot water，则会引起误解，而被错送温开水进来。

10. 安静就餐

就餐时，中国人多是一边吃饭一边和同伴旁若无人地聊天，但在西方很多国家，他们习惯于安静地吃饭，这方面也要学会入乡随俗。

按照国际惯例付出小费

无论我们在哪个国家旅行，付小费时的态度都要温和自然。如果态度过于傲慢，即使付了小费给对方，也会让对方感到不适甚至蔑视。

赴海外旅游，一般都会遵循国际惯例——付小费。许多国家都有顾客向服务人员付小费的习俗，但是由于各国、各地、各行业小费的数额没有统一规定，所以顾客宜入境随俗，酌情而付。

第 8 章
涉外礼仪：入国而问禁，入乡而问俗

1. 日本

在日本，顾客进入饭店大门时，可向女招待员付一些小费，而对于其他人员可不必付。

2. 泰国

在泰国，顾客必须付小费，但数额多少并不重要。

3. 瑞士

瑞士的饭店不公开收取小费，而司机则可按明文规定收取车费的10%作为小费。

4. 法国

在法国，付小费是公开的，服务性的行业可收不低于价款10%的小费。

5. 意大利

在意大利，收小费属于半公开现象。当遇到"拒收"的示意时，你最好趁送账单之机递上小费。

6. 北非及中东地区

在北非及中东地区,收取小费是"理所当然"的事。许多从事服务行业的老人与孩子,小费是其全部收入。如遇到顾客忘记付小费,他们甚至会追上去索取。

7. 美国

在美国,付小费是极普通且自然的礼节性行为,就像见面握手那么自然。

第8章
涉外礼仪：入国而问禁，入乡而问俗

购物时应把握的九方面内容

购物是出国旅行中的一个重要环节，其过程中的言谈举止反映的是一个人的礼仪修养。作为中国人，我们有义务去维护中国人的海外形象。只有多一些自律和文明修养，才能让自己愉快购物，同时也给对方留下美好的印象。

随着人们生活水平的不断提高，越来越多的人加入赴海外旅游的队伍。而在旅游地购买当地特产或奢侈品，已经成为人们出国旅游时必不可少的一个环节。

那么，在文化背景不同的购物场合，如何才能使自己保持礼仪风度，给国际友人留下良好的印象呢？只要把握住以下几方面内容，就没什么大的问题了。

1. 在超市或无人售货商店购物

在这类场所购物时，不宜多摸、多动，不能打开包装。通常各类商品都放有已开封的样品，你可以就近寻找。需要注意的是，在超市购物时，请尽量准备零钱，以免因找零钱而耽误其他顾客的时间。

2. 在品牌直营店购物

在品牌店购物时，即使再有消费能力也要保持平和心态。在对商品仔细了解、询问后，再礼貌地请导购员协助购买你所中意的商品。

3. 有些商品禁止触摸

在国外，绝大部分商品是不能用手触摸的。通常白色的商品、高级手表或珠宝都不要随便触摸。如果想亲手确认商品的质量，可以请店员过来帮忙。高级手表或珠宝店一般也会备好手套，以供顾客鉴赏商品。

4. 试衣时要注意保证商品清洁

特别提醒爱美的女士，在试穿衣服时，注意不要把口红、眼影等蹭到衣服上。如果在试穿的时候弄脏衣服，不要隐瞒，要告诉店员。

5. 试鞋要先穿店内的一次性袜子

出于卫生考虑，在试穿鞋子的时候不要光着脚，一些鞋店会备有专门试穿用的一次性袜子。试过之后，如果感觉不满意，要面带笑容婉言谢绝。

6. 付款时需付附加税

在不少国家买东西还要支付附加税。不同国家的税率不同，有的商品标价上已包括附加税，有的标价则不包括附加税，顾客在付款时需问清楚。

此外,在免税商店购物时,外国旅客须出示护照,由商店填写一份免税单交给顾客。出境时,将所购商品一同交海关核对。所以,所购物品应随身携带,不要装箱托运。

7. 与店员有礼貌地互动

通常进入一家店时,都会有店员主动走上来询问是否需要帮助。这时如果不需要对方帮忙,可以笑着对店员说"我想自己随意看看,不麻烦你了,谢谢",而不能露出厌烦的神色。

当店员帮你选商品或取商品的时候,你应该微笑着说"谢谢",即使什么也没买,离开时也应该向店员点头致意。

我想自己随意看看,不麻烦你了,谢谢!

8. 禁止吸烟

国外的大部分商场、超市是禁止吸烟的,应该主动配合遵守。即使没有规定,吸烟也有可能不小心烧着其他顾客的衣服或店内陈设的商品,因此应该尽量不吸烟。

9. 自觉排队

很多国家的秩序感很强烈，排队已经成为人们的一种自觉。因此，买东西、试衣服、交款、上厕所等，都请自觉排队。排队时，应与前面的人保持一米的距离比较好。

社交礼仪

第9章
生活礼仪：
处处不失礼，时时受欢迎

• • • • • • •

孔子曾经说："不知礼，无以立也。"我们在日常生活中，如果不懂礼仪，就不能立足于社会。懂礼貌的人，给人温润谦和之感，他们敬人谦己，更多地为他人着想，谁又会不想和这样的人相处呢？

所以，我们在生活中也要做个知礼守礼之人，了解不同场合的礼仪规矩，做到处处不失礼，才能时时受欢迎。

喜庆场合须有礼

我们每个人的一生中,都有许多机会参与别人的喜庆活动。在这些喜庆场合,需要做到有礼有节,才能实现宾主尽欢。

我们生活中常见的喜庆活动,主要有婚礼和寿宴两种。

正是这样的特殊时刻,把人们聚在一起,相互祝福。但是距离近了,彼此之间的优缺点也就很容易暴露出来。因此,在这种特殊的场合,一定要遵守礼仪,以礼待人,这样才能给人留下良好的印象。

第 9 章
生活礼仪：处处不失礼，时时受欢迎

1. 参加婚礼，注意细节别失礼

（1）接到邀请后，应快速作出反应。因为筹备婚礼的人需要根据人数来安排婚宴的位次，能参加要迅速告知；如果不能参加，至少应该提前两星期通知新婚夫妇；一旦你的时间安排与婚礼有冲突，一定要向对方作出解释。

如果仅邀请了你一个人，那就不能再带其他人，包括小孩；如果对方与你很熟，但是因为某些原因没有送请柬或发出邀请，则不应索要请柬或自行参加。

（2）一定不要迟到。在婚礼这样的特殊活动中，一般在仪式举行前的 10 ~ 15 分钟就要入座，最好不要迟到。如果确实有事晚到，要悄悄地坐在后面，不要干扰婚礼的进行。

（3）态度恭谨，入乡随俗。一些新人可能有自己的宗教信仰或地方习俗，因此要尊重其信仰或习俗。

进入婚礼宴席，要按照主人或主持人的引导就座；如果没有人引导，可以和熟悉的亲友坐在一起，但不要主动坐到新人及其近亲的桌子。

席间取菜、吃饭要讲究礼貌。新郎、新娘到各席敬酒致谢时，大家应起立举杯，和新人轻轻碰杯，并道"恭喜"。

（4）着装得体不抢镜。如果是参加较为正式的婚宴，男士务必穿深色西服，女士可穿喜庆的套装或连衣裙。但为防止抢了新娘风头，女士不宜穿白色、很淡的米色，以及大红色衣服。

（5）准备结婚礼物。结婚礼物可以表达对新人最美好的祝福，建议你尽可能地对新人的性格、喜好、需求等加以了解和分析，然后选择适宜的礼物和送礼方式。

（6）把握言行分寸。在婚礼、婚宴上，言行要注意礼貌、高雅，保持基本的风度，吃有吃相、喝有喝相，不能失态，尤其喝酒要有度。

2. 参加祝寿，多送祝福不会错

（1）准备一份寿礼。寿礼一般可选包装精美、做工精细的，含有祝贺健康长寿、吉祥如意意义的食品或物品。如果有时间，可以准备一份具有极强专属性又能充分表达尊敬的个性礼品。如参加寿宴，为老人量身定做一本记录其一生主要经历和成绩的画册，定会让其又惊喜又感动。

因为"酒"谐音"久"，"祝酒"也就是"祝久"。因此，送上两瓶好酒，也是一个不错的选择。

注意，因为谐音的原因，寿礼忌送钟表（送终）、鞋子（邪气）；送水果不可送梨（离）。

（2）穿上得体的服装。参加祝寿活动的服装宜选用色调明快、含有吉庆之意的红、黄等色。切忌穿全黑、全白的服装，也忌穿黑白相配的服装。

（3）多祝福，少争议。寿日是大吉大利的日子，因此语言以祝贺、颂扬为主，一切易引起争论的话题都不宜在寿宴中交谈。

（4）吃喝节制不酗酒。在寿宴上，吃相宜雅，饮酒要节制，以防止失仪。当自己带有小孩参加祝寿活动时，不能让小孩哭闹。

（5）鞠躬、跪拜表尊敬。举行祝寿典礼，过去一般是同辈抱拳打躬，晚辈鞠躬；有的地区儿孙辈还行跪拜礼。现在，同辈一般改为握手，晚辈或儿孙也只需鞠躬即可。

第9章
生活礼仪：处处不失礼，时时受欢迎

观赏场合：守礼仪不做低俗人

博物馆、演出及比赛现场是"高雅"之地，观赏者去这样的场合也应做出"高雅"之举。要知道，你在观赏的同时，别人也在观赏你。

随着物质生活水平的提高，人们的精神需求越来越受到重视，好的博物馆、精彩的演出和比赛等受到普遍欢迎。

而这些场合中一些不守礼仪的现象也偶有发生。有些人会因为破坏场馆规定，人为干扰演出、比赛等而引发众怒，更有甚者还被驱赶、带走，实在是有伤大雅。下面，我们具体看看在观赏场合如何做到遵守礼仪，成为一个文明的观赏者。

1. 观看文娱演出

如去规格较高的大剧院观看演出，应按最隆重场合来穿戴服饰，男士可着西装或礼服，女士也应着正规套装或礼服。

观看演出时，应提前入场，不要迟到。一些准备工作应在入场前办好，入座后一般不要随便离座走动。遇到特殊情况迟到或需途中离开座位，应等到演出的空隙，轻轻地弯下身子入座或离座，同时向被打扰的周围观众轻声致歉，对起身礼让的观众致谢。

演出进行中，观众应自觉保持安静，对演员的失误不起哄，不喝倒彩；同时，应将手机调至静音状态或关机。

如果影剧场不允许吃零食，就不要将零食带进场；如允许带摄影摄像仪器、饮料入场，摄影摄像或进食时不要发出很大的声音，以免影响其他观众。

零食垃圾、瓶瓶罐罐等最好放在事先准备的容器里，散场后丢入果皮箱内。

演出结束后，全场起立向演员热烈鼓掌表示感谢，然后等待演员谢幕离场后再离去。如有演出邀请的贵宾在场，一般应待贵宾退席后再按次序离去。

第9章
生活礼仪：处处不失礼，时时受欢迎

2. 观看体育比赛

一些较为激烈的比赛常常引发场内人员的激动情绪，这时，如果不能把握好自己的言行，很容易引发不良反应。因此，以下细节要一一注意。

（1）即便观看人数再多，去体育场馆时也要有秩序地持票入场，按规定对号入座。

（2）奏国歌时应起立，并保持肃静，不要谈笑或做其他事情。

（3）在赛事进行时，不要随意在看台上来回走动。

（4）应充分尊重双方队员，为运动员加油时不要乱蹦乱跳。

（5）当出现运动员表现不佳或失利等情况时，不要向运动员或裁判大声埋怨、谩骂，更不应向赛场抛掷瓶子、石块等杂物。

（6）使用的口号、标语应文明、健康并体现特色；使用锣鼓、乐器等有声物品时，应注意安全，并与他人头部保持一定的距离。

（7）比赛结束后，不要无秩序地退场；对老人、妇女、儿童和残疾人等，要做到礼貌谦让，主动帮忙。

3. 参观博物馆

（1）身穿相对正式的服装。博物馆陈列的展品都是具有较高纪念价值的文物和艺术品，若参观者的衣衫不整，无论对工作人员还是展品来说，都是一种不尊重的行为。所以，去博物馆应选择相对正式的服装，避免邋邋遢遢前去参观。

（2）保持安静不喧哗。博物馆的安静有序利于参观者静下心来观看展品，因此，参观者在馆内应该始终保持安静，尽量不要高谈阔论，更不能大声喧哗。

（3）不乱摸展品。博物馆里的展品都十分珍贵，伸手摸碰是对展品的极大"伤害"，甚至会造成破坏。

第9章
生活礼仪：处处不失礼，时时受欢迎

牢记三条细则

送礼只有做到投其所好，时机合适，彼此才能因为这份礼物而让感情更加深厚。

在生活中，逢年过节或特殊日子，人们之间会有赠之以礼的情况。而在馈赠行为中，礼物是当仁不让的主角。

赠送一份合适的礼物，就像播下一颗美好的种子，种下的是希望和祝愿，收获的是接受者的欣喜和满足。赠送的本意是表达友好和尊重，当然也就需要得体与适合。

为此，我们不妨学学赠送礼物的礼仪规范，让对方更乐于收礼。

1. 送礼要投其所好

对家贫者，以实惠为佳；对富裕者，以精巧为佳；对恋人、爱人、情人，以纪念性为佳；对朋友，以趣味性为佳；对老人，以实用为佳；对孩子，以启智、新颖为佳；对外宾，以特色为佳。

2. 送礼要选对时机

在中国，为避免有受贿和受愚弄之感，一般不宜在公开场合送礼。只有"礼轻情义重"的特殊礼物、表达特殊情感的礼物，才可以在大庭广众之下赠送。

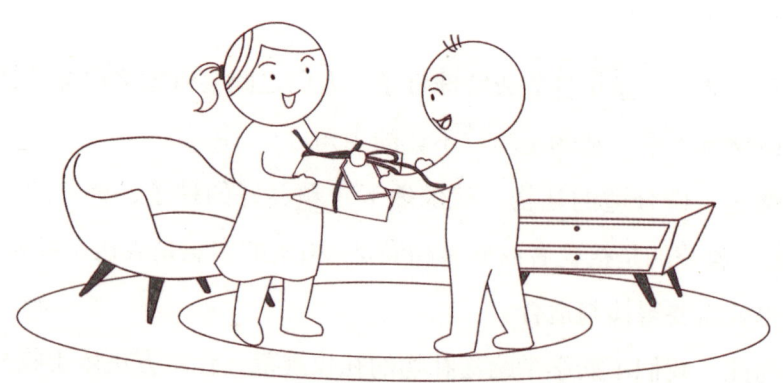

3. 送礼要懂得忌讳

（1）传统礼俗讲究给老人不能送钟表，因为"送钟"与"送终"谐音，是不吉利的。

（2）不可送二手礼物，这容易让对方不满或感觉疏远。

（3）送礼物首先要撕掉价签，否则似在提醒对方这份礼物的具体价值。

（4）衡量合理价格，避免因太便宜而失礼或者因太贵重而突兀。其实，礼物的价值应根据你与收礼者的关系来衡量。

（5）身为女性给异性送礼时，除非有特别亲密的关系，否则不可送领带和腰带，以免产生误会。

（6）送给远方客人的礼品要考虑对方携带是否方便，不要送笨重、易碎的礼物。